ANTOLOGIA
DO TEATRO
ANARQUISTA

A Plebe, 1º de maio de 1919.
Arquivo Edgard Leuenroth
IFCH/Unicamp

ANTOLOGIA DO TEATRO ANARQUISTA

Edição preparada por
MARIA THEREZA VARGAS

wmf **martinsfontes**

SÃO PAULO 2009

Copyright © 2009, Livraria Martins Fontes Editora Ltda.,
São Paulo, para a presente edição.

1ª edição 2009

Acompanhamento editorial
Helena Guimarães Bittencourt
Preparação do original
Luísa Guimarães Bittencourt
(cotejo com os originais)
Revisões gráficas
Maria Regina Ribeiro Machado
Sandra Garcia Cortes
Dinarte Zorzanelli da Silva
Produção gráfica
Geraldo Alves
Paginação
Moacir Katsumi Matsusaki

Dados Internacionais de Catalogação na Publicação (CIP)
(Câmara Brasileira do Livro, SP, Brasil)

Fóscolo, Avelino, 1864-1944.
 Antologia do teatro anarquista / Avelino Fóscolo, Marino Spagnolo, Pedro Catallo ; edição preparada por Maria Thereza Vargas. – São Paulo : Editora WMF Martins Fontes, 2009. – (Coleção dramaturgos do Brasil)

 ISBN 978-85-7827-009-4

 1. Anarquismo – Brasil 2. Anarquismo na literatura 3. Dramaturgos – Brasil 4. Teatro – Brasil – História I. Vargas, Maria Thereza. II. Spagnolo, Marino. III. Catallo, Pedro, 1900-1963. IV. Título. V. Série.

07-10312   CDD-869.92080358

Índices para catálogo sistemático:
1. Teatro anarquista : Literatura brasileira :
Antologias 869.92080358

Todos os direitos desta edição reservados à
Livraria Martins Fontes Editora Ltda.
Rua Conselheiro Ramalho, 330 01325-000 São Paulo SP Brasil
Tel. (11) 3241.3677 Fax (11) 3101.1042
e-mail: info@martinsfontes.com.br http://www.wmfmartinsfontes.com.br

COLEÇÃO "DRAMATURGOS DO BRASIL"

Vol. XVIII – Antologia do teatro anarquista

Esta coleção tem como finalidade colocar ao alcance do leitor a produção dramática dos principais escritores e dramaturgos brasileiros. Os volumes têm por base as edições reconhecidas como as melhores por especialistas no assunto e são organizados por professores e pesquisadores no campo da literatura e dramaturgia brasileiras.

Coordenador da coleção: João Roberto Faria, professor titular de Literatura Brasileira da Universidade de São Paulo.

Maria Thereza Vargas, que preparou o presente volume, é formada em Crítica Teatral pela Escola de Arte Dramática de São Paulo. Fez parte da equipe fundadora do Departamento de Informação e Documentação Artísticas/IDART da Secretaria Municipal de Cultura de São Paulo, coordenando ou participando de projetos realizados pela Equipe Técnica de Artes Cênicas daquele órgão. Destaque-se, entre os trabalhos ali desenvolvidos, o levantamento específico sobre Teatro Anarquista, feito em conjunto com Mariângela Alves de Lima e publicado pela Secretaria Municipal de Cultura, em 1980, com o título *O teatro operário na cidade de São Paulo*.

ÍNDICE

Introdução IX
Cronologia XXVII
Nota sobre a presente edição XXXV

ANTOLOGIA DO
TEATRO ANARQUISTA

O semeador 3
    Avelino Fóscolo

A bandeira proletária. 87
    Marino Spagnolo

Uma mulher diferente 159
    Pedro Catallo

INTRODUÇÃO

UMA DRAMATURGIA DEIXADA À MARGEM

I

As três peças reproduzidas neste volume formam, de certo modo, uma pequena antologia singular que poderá parecer estranha aos leitores. Nada têm, em sua estrutura, de peças extraordinárias, nem de obras concebidas em elevado grau de inspiração que tenham chamado a atenção dos meios teatrais consagrados. Nem mesmo constam de compêndios. No entanto, trazem um tal ineditismo de ideias e fidelidade à causa que serviam que não se acham distantes daqueles poucos momentos em que a dramaturgia soa como uma transposição fiel daquilo que os espectadores pensam e dizem ou gostariam de dizer. São três textos dramáticos escritos por um prático em farmácia, um sapateiro e um alfaiate, tendo em comum a militância anarquista. O farmacêutico, mais informado do que os outros dois, passou a vida em pequenas cidades mineiras, e, como muitos brasileiros, chegou ao anarquismo por decepção com o regime republicano. O alfaiate e o sapateiro, também fiéis às ideias libertárias, praticavam-nas em São Paulo, construindo-as no dia-a-dia, no trabalho e na instrução, prontos para a ação quando as péssimas condições dos trabalhadores tocavam seu senso de justiça. Avelino Fóscolo (1864-1944), o farmacêutico nascido em Sabará; Marino Spagnolo (?), o ex-vidreiro e alfaiate de origem hispânica; e Pedro Catallo (1900-1963), o sapateiro-poeta ítalo-argentino exerceram suas atividades de dramaturgos de forma muito especial, com uma simplicidade de propósitos, como se estivessem cumprindo apenas uma etapa a mais de seus deveres de cada dia. Assim queriam os anarquistas. Exercitar uma arte que fosse a expressão de um momento vivido, um exercício atento às falhas da sociedade, suas contradições e violências. Uma dramaturgia perfeita, portanto, seria aquela cujas palavras conseguissem tecer amostras de vida, de certa forma ainda incompletas enquanto não conquistassem o direito de se tornarem livres, no sentido amplo da palavra, e através dessa conquista atingissem a existência plena, como um direito.

É preciso não esquecer que compor, fazer versos ou escrever textos dramáticos eram fatos naturais, direitos dados a todos, dentro dos princípios anarquistas. E esse exercício criativo coube a muitos deles e notadamente a Catallo e Spagnolo, que afinal cumpriam um postulado recomendado: "desenvolver as práticas artísticas entre os componentes da própria classe". É bem verdade que os textos de Avelino Fóscolo surgem de outra forma, com certa vantagem porque, apesar de não diplomado, era um autodidata, interessado em literatura e estudioso da doutrina anarquista, a par, principalmente, do que diziam e pensavam os grandes teóricos franceses Elisée Reclus e Jean Grave. Seus romances, *O mestiço*, *O caboclo* e *O vulcão* retratam – fotograficamente, como ele dizia – problemas sociais provocados por uma sociedade retrógrada e injusta. Ainda que o consideremos um letrado, não será por isso que o iremos distanciar dos outros dois representantes da classe trabalhadora. Seu passado de menino órfão, obrigado a trabalhar com os escravos, nas minas de Morro Velho, deu-lhe uma experiência de vida e de sofrimento capaz de entender os padecimentos de qualquer trabalhador da cidade ou do campo. Já Marino Spagnolo e Pedro Catallo pertencem àquela faixa muito significativa dos imigrantes ou de seus descendentes que chegaram à América a partir da segunda metade do século XIX, para trabalhar na lavoura e mais tarde na indústria, trazendo na modesta bagagem a doutrina anarquista. Instruindo-se através de palestras e cursos dados por companheiros mais informados, tornaram-se militantes atentos aos problemas de sua classe. O terreno era fértil.

Para o fortalecimento das relações entre eles e o revigoramento constante de suas ideias e momentos de luta, foram criadas associações de socorro mútuo, federações operárias, centros de cultura – e nestes surgiram grupos dramáticos que se apresentavam nas ocasiões em que havia palestras, cantos e bailes. Logo perceberam que as representações eram armas poderosas na difusão de seus princípios. O teatro, arte viva, por excelência, tornou-se tão ou mais importante que os jornais e os livros. Textos escritos por brasileiros foram surgindo aos poucos, pois antes eram encenados os dramas ou comédias estrangeiras que pregavam ou sugeriam a luta libertária. Nossos três autores, que em princípio poderiam ser chamados de homens de teatro, porque escreviam e participavam da vida interna dos espetáculos, como diretores, atores, pontos ou cenotécnicos, certamente sabiam de cor os dramas, os melodramas e os esquetes didáticos vindos de fora. É quase certo que Marino Spagnolo, Pedro Catallo e Avelino Fóscolo tomaram conhecimento de duas antologias (*Teatro Popolare I* e *Teatro Popolare II*) com textos dramáticos escritos por autores anarquistas de vários países, vertidos e difundidos pelos italianos e que serviam de bússola para uma dramaturgia nascente. Os prefácios, escritos pelo organizador Luigi Molinari, lembram aos militantes que em seus textos era uma obrigação lutar contra todas as formas de opressão e minar as velhas superstições, tais como a pátria, a propriedade e a religião. Mesmo quando a produção dramática libertária brasileira já era uma realidade, não eram esquecidos os velhos dramalhões estrangeiros, que provocavam lágrimas e revoltas na platéia.

II

Pelo menos um dos itens apontados no prefácio de *Teatro Popolare II* – o "crime da propriedade" – foi acatado como tal e ampliado por Avelino Fóscolo em *O semeador*, peça que teria agradado a Molinari. Quem, entre nós, nos primeiros decênios do século XX, escreveria uma obra dramática passada em uma fazenda, condenando a propriedade com o mote "a cada um apenas a sua necessidade"?

Fóscolo é uma das personalidades mais curiosas do movimento anarquista no Brasil. Para fugir das minas de Morro Velho, engajou-se numa companhia teatral dirigida pelo americano Keller, cuja função era viajar apresentando quadros vivos. Encantou-se pelo teatro e pouco depois foi contratado por uma companhia portuguesa dirigida por um certo Antônio Fernal. Mambembou por Minas Gerais, representando textos alheios e seus próprios, e escreveu sua primeira peça, a opereta *Os estrangeiros*. Mais tarde, já casado, estabeleceu-se na farmácia do sogro, em Taboleiro Grande (Vila Paraopeba, a partir de 1912), e fez dessa farmácia um local *sui generis*: entre consultas e remédios, dedicava-se à instrução do povo. Ali mesmo editou o jornal *A Nova Era*, pregando o anarquismo, a partir de textos de Mikhail Bakunin e Pedro Kropotkin. Formou uma biblioteca e convidou a população a ler os jornais que assinava, bem como seus autores preferidos: Émile Zola, Victor Hugo, Eça de Queirós e Júlio Verne. Em regime de mutirão, ergueu junto àquela residência-farmácia-casa de cultura um palco, onde abrigou o "Club Dramático e Literário". No teatrinho, o público de operários da fábrica instalada nos arredores vibrava com as frases da peça portuguesa, *Gaspar, o serralheiro*: "... tu és operário, não és um vadio" ou "o operário é um escravo... somente os patrões são homens livres".

Tomamos conhecimento de *O semeador* através de uma segunda edição, "correta e melhorada pelo autor", publicada pela Tipografia Renascença, em Belo

Horizonte, em 1921. Tudo leva a crer que a peça tenha sido escrita anteriormente, entre 1905 e 1906, pois consta na listagem das apresentações do teatrinho. Sabe-se também que foi encenada em Santos, pela Sociedade Lira de Apolo, em outubro de 1920, e em São Paulo, em novembro de 1922, no Salão Celso Garcia, no Festival dos Sapateiros. Teria havido alterações, com o correr dos tempos, quanto aos acontecimentos históricos referidos na peça? A que lutas e sofrimentos da classe operária se refere o personagem principal? Diz o Coronel se referindo ao filho: "... foi voluntário, combateu, sofreu e acabou prisioneiro no seio da Rússia misteriosa que nos enche de pavor!" Teria Júlio, o personagem-chave, participado das insurreições que marcaram a preparação da revolução russa? No entanto, mais adiante no texto, há referência às lutas de 1917. Já estariam os anarquistas sendo perseguidos pelos comunistas?

Isso pouco importa. Mais importante é a originalidade dos temas, na história de nossa dramaturgia. É curioso que, se observássemos apenas a época em que se passa a peça e a lista de personagens, seríamos levados a pensar em um daqueles textos simplistas regionais, em que não faltam moçoilas nem rapazes vindos da Europa e caipiras analfabetos. A ação se passa realmente em uma propriedade rural, mas seu estilo traz laivos naturalistas, escola que Fóscolo admira em seus autores preferidos e que procura seguir em sua dramaturgia anárquica.

A originalidade do enfoque e a deformação proposital dos tipos são bastante curiosas: os fazendeiros são proprietários ignorantes, predadores da natureza, dominados pelo lucro a qualquer preço e muito inconformados com a recente abolição da escravatura. Espera-se a chegada do filho de um deles que regressa da Europa. A jovem de bom coração, tão comum em nossos textos, suspirando pelo jovem instruído, é filha do antigo feitor. Mas há dados novos em seu comportamento. É professora esclarecida, e estará apta a ajudar o "semeador" nas mudanças radicais que vai empreender. Nota-se que o regionalismo é salpicado de certas doses de referências estranhas à placidez da vida dos senhores das terras. O primeiro ato ergue-se como painel antagônico à "nova ideia" que em breve o filho pródigo vai defender e colocar em prática. O mundo a ser extinto e as velhas ideias são defendidas com veemência por dois personagens beirando a caricatura: o fazendeiro Lima e seu filho Lulu, este último um personagem a quem em outras comédias mais leves caberiam as graças caipiras, mas que pela ignorância e brutalidade não passa de um ser deformado, pronto a se tornar herdeiro das vilanias do pai. É o moleque, personagem comum ao nosso teatro, mas revestido de maldade, confirmando o tom naturalista desejado pelo autor. Antes mesmo de entrar em cena, já antevemos o caráter predador do garoto: "... Nós o vimos lá embaixo, ao pé do córrego, a jogar pedradas numa casa de joão-de-barro". Lima é dominado pela cobiça. Sua avidez por dinheiro é tal que lança para longe os escrúpulos de qualquer ordem. Casa com a sobrinha para aumentar propriedades e lucros. A descrição dos filhos que tem é perpassada pela ótica naturalista.

No início da peça, todos esperam por Júlio, o filho do Coronel, com foguetes e discursos. Desde a chegada o comportamento do rapaz abala os que o esperam. Diz um empregado: "Como modificam a gente as terras estrangeiras... Abraçou a todos nós, mesmo os negros, os libertos e não consentiu que o carregassem. Chama a todos de amigos, como se fôssemos farinha do mesmo saco."

Há no ar uma certa desconfiança com relação ao moço que veio da Europa, sem frases feitas em francês, falando em regeneração do solo, em máquinas modernas para a lavoura e formado em nenhuma profissão: "o diploma não é prova de saber, os exames não são indício de competência. (...) a lição superna que fruí não se aprende nos compêndios nem nas academias! Conheci a injustiça da organização atual, auscultei a miséria do proletariado e adquiri o amor humano que deve ser o código gravado em todas as almas".

Como em todas as obras dramáticas libertárias, todos os pontos fracos são levantados de uma só vez. Fóscolo aponta o dinheiro como o pai supremo da injustiça contra o trabalhador braçal, o responsável em grande parte pela opressão que sofre a mulher, pela falta proposital de instrução, pela devastação do solo, e pelo mau uso da terra. Não falta mesmo o descaso pelos males da hereditariedade, quando esses são compensados pelo possível aumento da riqueza.

O canto dos camponeses (a música é um dado muito caro aos anarquistas) anuncia um segundo ato, com as mudanças plenamente efetuadas na fazenda: "... os camaradas vivem contentes, fartos, bem vestidos... em vez de 12 horas de labuta em que se esfalfavam dantes, graças ao auxílio das máquinas, laboram apenas 5 horas ao dia e esse trabalho feito em comum, sem exceção de ninguém, mesmo os senhores de outrora, é tão suave que os celeiros regurgitam de cereais (...) ... As horas suplementares do dia empregamos nas artes, ciências, jogos esportivos: uns se dedicam à pintura, outros à música, outros à mecânica, e cada qual se esforça mais e mais para adquirir os conhecimentos necessários à existência e ao bem-estar comum". Mas tudo isso não passa de loucura aos olhos adversários. E o lucro? – perguntam os ferozes fazendeiros, inclusive o pai de Júlio, que havia dado poderes ao filho para modernizar (apenas isso) os processos de trabalho.

Coronel – E em dinheiro quanto entesouraste?
Júlio – Nem eu, nem meus camaradas, embora recalcitrassem a princípio, nos preocupamos com o capital, fator responsável de todas as catástrofes humanas.
Coronel – Então esses homens não recebem salário?
Júlio – Não, por certo, porque o salariado é uma nova forma de escravidão, substituindo os processos dos tempos idos. Usufruem livremente, com as crianças e os velhos, o fruto do trabalho comum.

Os vilões da história tramam a deposição de Júlio, cuja situação se agrava mais ainda quando participa seu casamento com Laura, a professorinha – naquele momento já uma libertária. O conflito dá margem a um dos principais pontos a serem debatidos e defendidos pelos anarquistas: a defesa da mulher, o direito de escolher livremente o seu parceiro, a sua participação nas lutas do companheiro. À luta pela conservação da comunidade une-se no ato final a liberdade de construir planos de vida, longe de interesses menores. Em defesa de suas teorias e a fim de garantir a liberdade de um companheiro, Júlio não hesita em fazer uso de uma arma. Os trabalhadores o apoiam. Os vilões serão afastados. Júlio reafirma seu direito às terras, para torná-las um bem comum. Se lhe negarem isso, sugere uma expropriação. A tirada final é uma espécie de canto libertário: "... nós espalharemos pela terra a má semente que produz o amor, a solidariedade humana, a nobilitação do trabalho, a morte da prostituição, do servilismo e da miséria, enquanto vós difundis a boa semente do esbulho, da divisão de classes, da hipocrisia, da guerra e do lenocínio. (...) É a primeira célula! Outras surdirão depois, formando de toda a terra uma pátria comum".

Regina Horta Duarte, em excelente estudo sobre Avelino Fóscolo, aponta os grandes mestres anarquistas, inspiradores de sua vida e obra: Kropotkin e Jean Grave. O primeiro confirma o bom caminho do autor, quando deixa claro em seus escritos que não se devem deixar de lado as populações rurais. E Jean Grave, quando chama a atenção sobre a preocupação que deveriam ter os militantes libertários com os camponeses. Era um ponto a ser observado com rigor a fim de se evitar que "a revolução ao rebentar, encontre no aldeão um inimigo que a combata"[1].

Se observarmos bem, mais do que Jean Grave foi Pedro Kropotkin quem adentrou sorrateiramente em nossa dramaturgia. Avelino Fóscolo não desconhecia a força dos fatos e das palavras ditas em

---

1. HORTA DUARTE, Regina. *A imagem rebelde*. Campinas, SP: Pontes/Editora da Universidade Estadual de Campinas, 1991, p. 66.

cena, que reproduziu quase literalmente dos escritos do sábio russo, lidos, evidentemente, em suas obras mais conhecidas: *A conquista do pão*, *Memórias* e *Comunismo anarquista*. Assim é que Júlio fala com convicção do valor das novas técnicas e das máquinas "que libertariam os homens das tarefas tediosas e degradantes", proclama a abolição do salário e o desfrute "dos bens comuns da sociedade segundo as necessidades". Para desespero dos velhos, diminui as horas de trabalho "a fim de que os trabalhadores possam ter tempo livre para usá-lo no que mais lhes aprouver".

III

A bandeira proletária é um texto de 1922. Seu autor, Marino Spagnolo – sabe-se pouco de sua vida –, residia no bairro do Belenzinho, em São Paulo. Foi vidreiro, passando depois a alfaiate. Figura afável, estava, no entanto, sempre pronto a enfrentar inimigos quando necessário. Seus companheiros assim se referiam a ele: "Ecco Marino... Marino? Quello non è Marino: è sottomarino."

Não há idealização nas figuras da peça e nem mesmo o personagem principal, o operário Paulo, traz os arroubos de Júlio, de *O semeador*, que em plena aldeiazinha de Minas instala uma comunidade anarquista. Paulo não é um personagem alegre. Traz dentro de si o peso de quem conhece as asperezas da vida, mas é plenamente cônscio de que tem um dever a cumprir. Reproduz, certamente, alguém que Marino Spagnolo encontrava no dia-a-dia.

Em *A bandeira proletária* o público não terá ocasião de ver, ainda que em quadro fictício, o mundo ideal, pelo qual lutam. Ao contrário, os ambientes são tão feios como deveriam ser os arredores das fábricas. O quarto de Paulo, descrito na rubrica, é um quarto pobre, com uma cama, uma mesinha, duas cadeiras e uma mala de roupa; à esquerda, pequena biblioteca, sinal evidente de que o operário se preocupa com a instrução. Paulo faz versos e espera casar-se com Rosa, uma lavadeira, tão pobre quanto ele. A fábrica está ali bem perto, invisível, mas soberana. Um de seus apêndices, o botequim, é a sede dos vícios: o jogo e a bebida. O jogo é aquele praticado pelos pobres, o "jogo do bicho", sonho dos menos instruídos que arriscam todos os dias o pouco que têm, sem que a sorte os alcance. Mais prejudicial ainda é a bebida, a grande inimiga, a causadora de brigas e assassinatos. Quando dizem a um personagem que o álcool faz mal à saúde, ele responde: "Saúde?! Melhor não a ter!... a saúde dá muita fome e eu não ganho para comer. Recorro ao álcool para que me mate a saúde, porque com ela morre a fome." Frase melodramática, mas útil à plateia.

A encarnação do mal, o homem rico, o industrial, vagueia pelo ambiente, evidentemente, com os olhos voltados para Rosa. Com a prisão de Paulo, acusado de ser o cabeça de uma greve, tudo é facilitado e ele passa a tentá-la com "a vil moeda que tudo domina". Saindo da prisão, Paulo sofre com a transformação da namorada que o traiu, seduzida pelo luxo. Compreende-a como uma mulher vítima da ignorância e da má educação. Mas tem a certeza de sua recuperação e crescimento. Num gesto próprio de um verdadeiro homem, perdoa Rosa, que estará pronta para acompanhá-lo em suas futuras batalhas.

A bandeira proletária, título amplo de significados, é uma peça de instrução, na qual Spagnolo, conhecedor de sua gente, aborda e discute ao mesmo tempo o problema da bebida, do jogo e da riqueza (inseparável companheira da insensibilidade), além de relatar o perigo que corre a mulher ingênua, vítima da ignorância, submissa aos homens, tornada incapaz de se desenvolver como pessoa íntegra. É necessário que sejam instruídas e amparadas para que se tornem, por livre vontade, verdadeiras parceiras do homem. O gesto de perdão, seguido de acolhimento à companheira, não era comum nem na vida, nem nos textos da época, que deixavam claro que após o perdão – se houvesse – era preciso vir a expiação. Trata-se aqui do homem novo, formado pela "nova ideia", um libertário, construtor de uma nova sociedade, na qual a mulher deve fazer jus ao título significativo de companheira.

A bandeira proletária é o pedaço de pano que vai servir para estancar o sangue de um outro operário, ferido de morte, no enfrentamento com a repressão. As palavras que encerram a peça incentivam à luta: "Sangue... sangue proletário para alimentar a hidra insaciável... (Paulo encara a plateia) Este farrapo ensanguentado sintetizando todas as vítimas desconhecidas será o incentivo da luta!... (olhando o ferido) Ah!... sim... ele nos lembrará a tua morte porque é a Bandeira Proletária."

Marino Spagnolo acrescenta ao seu texto, nesse momento, um dado fundamental a ser cultivado pelos libertários: o culto aos mártires.

IV

A carreira teatral de Pedro Catallo teve início em 1928, quando trabalhava numa oficina dos "Calçados Luís XV". Um companheiro, Afonso Festa, convidou-o para tomar parte num grupo de teatro amador, o Grupo Teatral da União dos Artífices em Calçados. Nesse mesmo ano inicia suas atividades numa outra agremiação de nome mais poético e, portanto, mais ao seu gosto, o "Grupo Teatral Aurora", cujas peças eram representadas em espanhol.

Catallo, de origem italiana, chegara a São Paulo, vindo da Argentina, aos dezessete anos de idade. Não é bem certa a data de seu primeiro texto dramático. Talvez a militância e as prisões tenham retardado sua vocação de dramaturgo. O jornal *A Plebe* anuncia em 23 de junho de 1934 um espetáculo no Salão Celso Garcia, apresentando, entre outros números, *O herói e o viandante*, uma adaptação de Pedro Catallo do tango "Silêncio". Como as coleções de jornais anarquistas nem sempre são completas, talvez tenha feito representar suas peças anteriormente, e, devido às falhas nas coleções, ficamos sem dados certos sobre suas estréias. Algumas publicações assinalam como obras suas: *A Madrid* (drama sobre a resistência dos milicianos antifascistas, no *front* de Madri), traduções de dois textos de Florêncio Sanchez (*Os mortos* e *Nossos filhos*) e as curiosíssimas peças feministas formando, na verdade, uma trilogia: *A insensata*, *O coração é um labirinto* e *Uma mulher diferente*. Escritas nas décadas de 1940 e 1950, afirmam com mais audácia os problemas que tanto impressionaram os anarquistas. Em suas peças é à mulher que, muito lúcida, cabe o raciocínio sobre os acontecimentos e é ela quem dá a palavra final, saindo sempre vencedora.

Uma coisa é certa: a dramaturgia de Catallo foi sempre um prolongamento, quando não uma junção aos seus afazeres e à sua militância. Como, aliás, prescreviam os libertários. Era, portanto, uma dramaturgia que não se desvinculava do trabalho cotidiano, como tiveram ocasião de ressaltar seus companheiros. Residindo, no final da vida, na casa dos anarquistas Valverde, eles guardaram a lembrança do exímio artesão de calçados, que trabalhava em casa, num banquinho próprio de sua profissão: "... quantas vezes eu vi ele levantar-se do banquinho e sair correndo, se lembrar de um trecho, passava pro papel e voltava a trabalhar. Assim ele fazia para escrever peças"[2].

A mais curiosa das peças, abordando a mulher e seus entraves, é, sem dúvida, *Uma mulher diferente*, que podemos chamar de uma comédia dramática. Com certos laivos de Oduvaldo Vianna e peças radiofônicas, traz contudo uma vantagem: os tipos em Catallo revestem-se de um desenho mais forte, visto que são pequenas pedras na construção de um texto cuja ideia central é a apologia do amor livre. Em torno da figura-chave gravitam: um senhor de meia-idade, meio sábio, meio cômico; um casal responsável por atenuar os trechos dramáticos, com suas entra-

---

2. ALVES DE LIMA, Mariângela & VARGAS, Maria Thereza. *O teatro operário na cidade de São Paulo*. Secretaria Municipal de Cultura, Departamento de Informação e Documentação Artísticas, Centro de Pesquisa de Arte Brasileira, 1980, pp. 72-3 (depoimento de Maria Valverde).

das cômicas; um vilão propenso à regeneração; um padre longe da santidade; uma moça e um rapaz amadurecidos pela vida. Nesse texto, Catallo vai mais longe ao falar da mulher. Elena, a "mulher diferente", é a personagem que mais dá testemunho das ideias do dramaturgo. Para tirar o pai da prisão, entrega-se, fisicamente, sem nenhum envolvimento, a Ricardo, "rico industrial", de caráter duvidoso, pois foi ele quem forjou as provas de um crime inexistente, a fim de chantagear a jovem. Elena é então marginalizada pela vizinhança, amaldiçoada pelo próprio pai e assunto para sermões condenatórios feitos pelo pároco brejeiro. Para o desespero do pai, não aceita nem mesmo os pedidos de desculpas de Ricardo, que manifesta o desejo de reparar o mal que fez, casando-se com ela.

> Elena – (...) Já me vendi uma vez e foi pelo senhor. Agora não quero ser mais mercadoria. Quero ser dona de meu coração. Esse homem, apesar de rico, não me interessa.
> Tomás – Entretanto, é o único que pode apagar a mancha negra que você pôs na fronte enrugada de seu pai. Apoiada ao braço dele, ninguém se atreverá a levantar os olhos contra você. Enquanto que assim... assim... vá! Tremo com receio de que meus lábios pronunciem o nome que merece.
> Elena (*admirada*) – Papai! O senhor?! O senhor atira-me a primeira pedra?!!!
> Tomás – Já hão de vir outras, já hão de vir!

Deixando os seus mais próximos, Elena fica só, na crença de que "a mulher, para ser dona de seu destino, deve começar por ser dona de seu próprio corpo".

A peça termina com a personagem sendo nomeada diretora de um abrigo para crianças órfãs. Apesar de ter também um filho, mais uma vez rejeita pedidos de casamento (do pai da criança – um vilão arrependido – e de seu companheiro de trabalho, a quem ama realmente). Suas razões nunca frequentaram os diálogos de nossos dramaturgos: "... o matrimônio destrói a candidez e a beleza que envolve as almas que se querem bem. O matrimônio confunde o amor com a cozinha, as contas com o idílio, as premências grosseiras da vida com a ternura sequiosa dos sentimentos, tornando tudo banal e sem encantos. (...) Não, não sou contra a família. Tenho um filhinho que é toda a minha vida e levo você no coração [referindo-se ao companheiro de trabalho]. Mas as pessoas conservam muito ainda da luta brutal dos tempos primitivos. No matrimônio, essa luta renova-se. Não se procura a cooperação, quer-se o domínio; não se mantém o respeito, professa-se a indiferença. E, nessa porfia desastrosa, cada cônjuge emprega as armas favoritas para garantir-se a hegemonia do lar".

Catallo, conhecendo o gosto de seu público, usa a comicidade, nem sempre de gosto mais apurado, e algum gesto melodramático escapa ao realismo que pretendeu em sua escrita, nem sempre escorreita. Mas o empenho com que registra os passos dessa mulher, a certeza que tem de sua dramaturgia como parcela útil na construção dos homens e mulheres que farão parte do novo mundo redimem o militante-dramaturgo de todas as suas falhas.

Maria Thereza Vargas

CRONOLOGIA

1897. *Primeiro de maio*, de Pietro Gori, é representada pelo grupo teatral da União Operária do Rio Grande do Sul.
Festival em benefício das vítimas de Canudos, apresentando em 13 de novembro *Os apuros de um noivo*, comédia para jovens, e o drama *Canudos*, de Rodolfo Gomes.

1899. Chega ao Brasil o polemista Luigi (Gigi) Damiani.

1900. Nasce na Itália o militante, poeta, artesão e dramaturgo Pedro Catallo.

1901. *Electra*, de Perez Galdós, levada no Teatro Sant'Anna, em São Paulo, é aplaudida pelos partidários do Anarquismo como uma peça anticlerical. Manifestantes, depois do espetáculo, comandados por Benjamin Motta, diretor do jornal *A Lanterna*, percorrem as ruas, dando "vivas à liberdade e morras ao jesuitismo".

1902. A apresentação de *Primo Maggio*, de Pietro Gori, em 7 de junho, é interrompida pela polícia. Tropas invadem o Cassino Penteado, em São Paulo, assustando mulheres e crianças.

1903. É fundado no Rio de Janeiro o Grupo Dramático Teatro Livre.

O anarquista Avelino Fóscolo cria, em Paraopeba, Minas Gerais, o Club Dramático e Literário. Formam o repertório: *O inglês maquinista*, de Martins Pena; *Gaspar, o serralheiro*, de Baptista Machado, e textos do próprio Fóscolo.

1905. O Grupo Filodramático Libertário de São Paulo apresenta um espetáculo teatral em benefício das famílias dos operários fuzilados em 22 de janeiro, na Rússia, vítimas do regime czarista.

Primeira apresentação, em 9 de setembro, da peça *Los conspiradores*, do sapateiro Felipe Morales, que denuncia os falsos *complots* armados pelas autoridades policiais e governamentais, para disseminar nas massas o ódio contra os trabalhadores braçais.

La via d'uscita, de Vera Starkoff; *Ribellione*, de G. Baldi; e *Triste carnevale* são representadas em dezembro, no Salão Alhambra, em São Paulo. As peças fazem parte da antologia *Il teatro popolare*, coletânea de textos libertários tida como exemplar.

1906. Primeira apresentação, em 27 de setembro, do Grupo Filodramático do Centro de Estudos Sociais do Brás, em São Paulo, apresentando no Salão Olavo Bilac, na av. Rangel Pestana, a peça *Per la vita*, de Demetrio Alati.

1907. O jornal *Terra Livre* anuncia a representação da peça *O pecado de simonia* – uma comédia social, de Neno Vasco, pelo grupo Teatro Social, do Rio de Janeiro. O texto será um dos maiores sucessos das apresentações libertárias, por quase três décadas.

O Centro Galego, do Rio de Janeiro, anuncia, em 15 de setembro, *Avatar*, de Marcelo Gama (1878-1915), poeta e jornalista rio-grandense. Segundo o noticiário, o texto seria um dos primeiros dramas anarquistas escritos por brasileiros.

1908. Inauguração, em 20 de fevereiro, do Teatro Colombo, no Largo da Concórdia, no bairro operário do Brás. Lê-se no jornal *A Plebe*: "... pelo conforto e elegância, deveria estar em outro ponto que não o bairro do Brás, comenta um *jornal burguês*."

1909. Em março, inauguração do prédio da Associação Auxiliadora das Classes Laboriosas, em São Paulo. O teatro dessa associação sediará durante anos as apresentações libertárias.

O jornal *La Battaglia* noticia, em 19 de setembro, "Grande Festa Popolare al Polytheama" em benefício de José Guerrero – "l'eroico giusticiere di due schiavisti".

É criado no bairro do Brás, em novembro, o círculo instrutivo dramático Juventude Livre, de propaganda anticlerical.

1911. O jornal *La Battaglia* noticia, em 15 de novembro, a morte do poeta e advogado Pietro Gori, nascido em Messina em 1865. Gori é o autor da peça *Primeiro de maio*, texto de maior sucesso entre os anarquistas, ora representado no original, ora em português.

1914. No livro *O anarquismo na escola, no teatro, na poesia*, de Edgar Rodrigues, há referências, sem maiores detalhes, à criação de um grupo teatral anarquista na cidade de Machado, em Minas Gerais.

O Grupo Dramático Cultura Social, de Santos, anuncia para o dia 1º de maio as peças *Famintos* (esboço dramático), *Maio!...* (peça em 5 episódios), *O mártir de Montjuich* (drama em 3 partes), *Plebeus* (drama em 1 ato e 3 quadros), *Filhos do povo* (melodrama em 4 atos), todas de autoria de Santos Barbosa, operário exercendo atividades no Rio de Janeiro.

1917. Procedente da Argentina, instala-se em São Paulo o operário Pedro Catallo.

O jornal *A Plebe* noticia, em 30 de setembro, a sentença de deportação de Gigi (Luigi) Damiani, jornalista, dramaturgo, cenógrafo que, por anos, ligou-se ao teatro libertário no Brasil[1].

1919. O Centro Galego, do Rio de Janeiro, anuncia, em 22 de fevereiro, um Festival Pró-Presos, em favor de 39 camaradas que se encontram na Detenção (Insurreição anarquista de 1918), obedecendo ao seguinte programa: Exposição de motivos, por um camarada / ato variado, composto de poesias e canções da atualidade / *Náufragos* (drama) / *Pela pátria* (episódio dramático: demonstração de guerra, patriotismo, deísmo, etc.) / *Magna assembleia* (sátira) / um grupo de meninas canta o "Hino da Liberdade" (música do hino nacional).

1920. O Centro Feminino Jovens Idealistas apresenta, em 15 de maio, no Salão da Federação Espanhola, em São Paulo, a peça *Hambre*, drama social

---

1. Em 1981, com produção de Francarlos Reis, é montado em São Paulo o texto dramático *Em defesa do companheiro Gigi Damiani*, de Jandira Martini e Eliana Rocha.

em 1 ato, representada em espanhol, e *Amanhã*, 1 ato, de Manuel Laranjeira. Completam o programa *O pecado de simonia*, de Neno Vasco, e o baile e a quermesse habituais. "Nos entreatos, cantos e recitativos sociais."

Representação em Santos, pela sociedade Lyra d'Apollo, em 13 de outubro, de *O semeador*, de Avelino Fóscolo.

L'osteria della vittoria, de Gigi Damiani, é apresentada em 4 de dezembro, no Salão Itália Fausta (São Paulo), em benefício do jornal italiano *Umanità Nuova*, promoção da Biblioteca Social "Os Vermelhos".

É fundado no Rio de Janeiro, em 16 de dezembro, o Grêmio Artístico Renovação Teatro e Música, prometendo em sua programação aulas de música, esperanto, naturismo, palestras, representações, realização de piqueniques como forma de educação e confraternização anarquista.

1922. A Companhia Dramática Nacional, dirigida por Itália Fausta, apresentou, no primeiro semestre do ano, em São Paulo, *Pedra que rola*, texto dramático do filólogo anarquista José Oiticica, no Teatro Olímpia, no bairro do Brás.

A bandeira proletária, de Marino Spagnolo, é apresentada pela primeira vez, em 28 de outubro, no Salão das Classes Laboriosas, em São Paulo.

Apresentação de *O semeador*, de Avelino Fóscolo, no Festival dos Sapateiros, no Salão Celso Garcia, em São Paulo, em 25 de novembro.

Ao relento, de Afonso Schmidt, anunciada como "joia teatral de propaganda", é apresentada em 30 de dezembro no Salão Leale Oberdan, em São Paulo, pelo Grupo Teatro Social.

1923. O recém-fundado Grêmio Dramático Arte e Natura, em Petrópolis, apresenta, em 21 de novembro, no salão do Teatro Petrópolis, as peças *A avozinha*, de Fábio Luz, e *Ao relento*, de Afonso Schmidt.

1933. É fundado em São Paulo, em 14 de janeiro, o Centro de Cultura Social, "com o intuito de divulgar entre o povo e os trabalhadores os conhecimentos das modernas concepções sociais, científicas e filosóficas".

O jornal *A Plebe* publica em 16 de dezembro um abaixo-assinado protestando contra o fechamento do Teatro da Experiência, dirigido pelo arquiteto Flávio de Carvalho.

1934. Representação, em 30 de junho, de *O herói e o viandante*, de Pedro Catallo, adaptado do tango "Silêncio". Trata-se de um Festival da Federação Operária de São Paulo. O programa apresenta também *Ao relento*, de Afonso Schmidt, recitativos e monólogos e uma conferência de Isabel Cerruti. Sob o título Grande Festival de Arte e Cultura, o jornal *A Plebe* anuncia para 4 de agosto a primeira apresentação da peça *Teseu*, de G. Soler, a cargo do Grupo Dramático Hispano-Americano.

Em 1º de setembro, o jornal *A Plebe* publica trechos de uma conferência sobre Teatro Social, a cargo de J. Carlos Boscolo: "O Teatro de hoje, denominado teatro moderno, jamais poderá ser o teatro social. Nas ribaltas de todas as grandes metrópoles, procura-se mistificar a vida e suas finalidades. O teatro burguês empenha-se em ocultar

aos olhos do povo todo o atraso em que vivemos,
e apenas traça, em lances arrebatadores, a tragédia
íntima dos incêndios devastadores da paixão. (...)
O teatro social, entre nós, repousa nas mãos delicadas e no pensamento sonhador de Joraci Camargo em *Deus lhe pague*; em Afonso Schmidt em *Carne para canhão*; em G. Soler com sua maravilhosa concepção social, *Teseu*. (...) O teatro social, porém – embora sabotado pelas instituições clerocapitalistas que sustentam os mentores da literatura cênica atual –, será essa tênue mas viva nesga de luz, que, rompendo a custo as trevas do obscurantismo das consciências ainda adormecidas, penetrará nas forças criptopsíquicas dos indivíduos para tratá-los como homens, e não feras."

1944. Morre, em 29 de agosto, aos 80 anos, em Belo Horizonte, o romancista e teatrólogo Avelino Fóscolo.

1947. Nota do Centro de Cultura Social: "Tendo a sua atividade interrompida durante o período nefando da ditadura, o Centro de Cultura Social reiniciou sua obra logo que a situação permitiu, instalando a sua sede na rua José Bonifácio, 387 (São Paulo), onde continua a desenvolver o mesmo trabalho de educação popular que, durante muitos anos, realizou no local da Federação Operária, em outras sedes. São numerosas as conferências que tem realizado sobre os mais variados temas, como sejam: sociologia, filosofia, higiene social, etc. ..."
Em comemoração à Revolução Libertária da Espanha são apresentados, em 15 de julho, no Salão do Centro Dramático Hispano-Americano, na rua do

Gasômetro, em São Paulo, os espetáculos: *Madri* e *O coração é um labirinto*, ambos de autoria de Pedro Catallo. Há também uma palestra alusiva à data.

O Grêmio Dramático Hispano-Americano anuncia para o dia 18 de outubro a primeira apresentação "do emocionante drama de fundo crítico e de renovação social, *Uma mulher diferente*, de Pedro Catallo.

Viva Rambolot, de Gigi Damiani, é apresentado pelo Grupo de Teatro Social do Centro de Cultura Social, em 20 de dezembro, no Salão Hispano-Americano em São Paulo.

1949. O Centro de Cultura Social, de São Paulo, apresenta, em 30 de abril, a peça *Nada*, de Ernani Fornari, seguida de um ato variado com canto e declamação.

1950. O Grupo de Teatro Social apresenta, em 30 de setembro, no Salão da rua Brigadeiro Tobias, em São Paulo, a peça *Ciclone*, de Somerset Maugham. A direção é de Pedro Catallo.

1963. Morre em São Paulo o dramaturgo Pedro Catallo.

1967. O jornal *Dealbar* noticia em junho a criação, no Centro de Cultura Social de São Paulo, do Laboratório de Ensaio, com aulas de teatro, debates, exposições e conferências.

O Grupo de Teatro Social, do Centro de Cultura Social de São Paulo, apresenta, em dezembro, em seu teatrinho de Arena, *O Guerreiro*, de Waldir Kopeszky.

NOTA SOBRE A PRESENTE EDIÇÃO

Os textos reunidos neste volume foram estabelecidos a partir das seguintes edições: *O semeador* foi impresso na Tipografia Renascença, de Belo Horizonte, em 1921 (o que leva a crer ser uma edição do autor); *Uma mulher diferente* é também uma edição do autor, feita em São Paulo, em 1945; *A bandeira proletária* foi reproduzida a partir de um cotejo entre duas cópias datilografadas depositadas no Arquivo Multimeios-IDART/Secretaria Municipal de Cultura de São Paulo.

A Cronologia foi elaborada a partir de dados publicados em *O anarquismo na escola, no teatro, na poesia*, de Edgar Rodrigues, editado pela Achiamé, Rio de Janeiro, 1992, e *Teatro operário na cidade de São Paulo*, de Mariângela Alves de Lima e Maria Thereza Vargas, editado pelo Departamento de Informação e Documentação Artísticas/Secretaria Municipal de Cultura, São Paulo, 1980.

O texto da presente edição foi atualizado segundo o novo acordo ortográfico.

ANTOLOGIA DO TEATRO ANARQUISTA

Avelino Fóscolo

O SEMEADOR

Drama social em três atos

PERSONAGENS

Júlio
Coronel
Lima
Roberto
Alfredo
Lulu
Pai Manuel
Laura
Camponeses

PRIMEIRO ATO

(O teatro representa o terreiro de uma fazenda.)

Cena I

Campônios cantam e dançam

LIMA
Que diacho de cantarola é essa? Querem fazer agora domingo a semana inteira, de cabo a rabo?

ROBERTO
Hoje é dia de folga, *seu* João, e o patrão deu à rapaziada ordem para se divertir, enquanto esperamos a chegada do *seu* Júlio.

LIMA
Já sei, já sei; mas o divertimento a que o compadre se referia era, com certeza, irem adornando a estrada com arcos de bambu e filas de bananeiras, flo-

res de pau d'arco e sempre lustrosa para o rapaz ver o bom gosto do sertanejo, não é assim, compadre?

CORONEL
Assim seria se se tratasse de um comprovinciano; o rapaz, porém, apanhado na Europa na rede da grande hecatombe, iludido pela miragem de glória ou por outra que não consegui desvendar, foi voluntário, combateu, sofreu e acabou prisioneiro no seio dessa Rússia misteriosa que nos enche de pavor! Deve trazer a alma bem entenebrecida e indiferente a folguedos.

LIMA
Isso que diz pode bem ser, mas cada qual enterra o pai conforme pode e de vez que não temos as *luxúrias* da cidade lhe oferecemos um agrado bem nosso. Pra encurtar razão: cada qual dá o que tem.

ROBERTO
O que ele há de encontrar e com desvanecimento por certo é a alegria de uma franca recepção, como lembrança de um saudoso afeto a quem se conservou tanto tempo ausente.

CORONEL
E isso exprime mais do que as espetaculosas manifestações de apreço.

LIMA
Seja assim; mas a ociosidade é mãe de todos os vícios e bom será que vocês, enquanto esperam, vão se divertindo por aí a descascar milho, a limpar a

ceva, a varrer o terreiro, qualquer distração inocente, porque hoje não é dia santo e vocês já pegaram o grude do compadre: quem deve, paga.

CORONEL

Mas eu é que lhes quero dar o feriado. Vão por aí campo fora e logo que o rapaz chegue me tragam a boa nova. (*saem*)

Cena II

JOÃO LIMA *e* CORONEL

LIMA

Ora muito bem, *seu* compadre, está *vamoncê* inchado como um peru por ter um filho lido e corrido, com a sabença e a prática do mundo; cá pro velho isso vale pouco. Eu preferia que ele trouxesse boas pelegas, porque, para encurtar razão, tanto tens quanto vales.

CORONEL

Também eu presto ao dinheiro o culto que merece e sobejas provas lhe dei quando pediu a mão de minha filha, sua sobrinha materna; embora amigos e minha esposa me dissuadissem de tal união que julgavam nefasta, sobracei empecilhos e acedi a uma apiração aumentando a fortuna da nossa casa. Teria esse consórcio contribuído, como pensam, para a prematura morte de sua irmã e o exílio voluntário de meu Júlio?

####### Lima
Histórias, compadre! Quem se guia por cego ou cabeça de mulher cai no atoleiro. Se minha sogra existisse, havia de estar garbosa por ver como a árvore das patacas frutifica lá em casa. Pra encurtar razão: o *arame* é que puxa o mundo.

####### Coronel
Bem o sei e nenhuma censura me cabe. Tenho feito sempre prosperar estes campos. A braço com a questão social, com os maus pastores que invadem o rebanho, apesar da vigilância do Estado, não desanimei um só instante e podemos dizer com orgulho que os homens livres dos nossos sertões são um prolongamento disciplinado dos escravos de outrora. Aqui trabalha-se, como sabe, de sol a sol, e os preguiçosos e os inválidos são eliminados para não contaminarem a boa semente.

####### Lima
A árvore que não dá fruto deve ser cortada: é da Bíblia.

####### Coronel
Embora não o quisesse confessar, bem que animadora a condição financeira da fazenda, eu via o espectro da crise a voejar sobre a nossa lavoura, em consequência mais de processos rotineiros do que da apregoada falta de braços. Pensei que o meu rapaz talvez pudesse trazer novos processos de além-mar e lhe escrevi insistentemente para que voltasse, esquecesse o passado, e ele aí vem, curtido de sofrimentos, quiçá, mas rico de conhecimentos que nos servirão decerto.

Lima

Qual conhecimentos e qual carapuça: o direito, *seu* compadre, é botar machado na mata, enxada na terra e milho na cova. Tanto corre o cego como o coxo.

Coronel

Também assim pensava: era um escravo da velha rotina... foi ainda o meu Júlio com a sua inteligência precoce que me fez sentir em cartas quão mais sensato seria plantar sempre no mesmo terreno, bem adubado, bem revolvido, sem as despesas, as penas e os prejuízos que dá a derrubada selvagem das florestas.

Lima

É muito bonito! mas me deem bastante mato virgem para roçar, botar fogo e plantar e fiquem vocês com os seus arados, capinadores, tratores e outras invenções que, pra encurtar razão, só servem para consumir o cobre da gente.

Coronel

Que sabemos, jungidos a um conservantismo feroz? A experiência do velho mundo, os resultados obtidos por outros povos não são a garantia de êxito? Assim pensando, repito, insisti que voltasse e lhe forneci os meios.

Lima

Gastou um dinheirão com a vinda do filho pródigo que o deixou como um ingrato, desfalcou a herança de minha mulher e de seus netos.

CORONEL

Não lastimo a despesa: sinto a mágoa que devia cruciá-lo ao meu silêncio de anos, ao agonioso martírio dos campos de batalha e de prisão. E agora, de volta, com a instrução que lhe sobeja poderá assumir o leme deste barco.

LIMA

Deus queira que torça as orelhas depois e não deem sangue. Esses rapazolas com as tais inovações são capazes de botar o mundo de pernas pro ar.

CORONEL

Infeliz na experiência pouco perderia. Tenho haveres que me põem a coberto de miséria; minha filha e meus netos, graças ao seu tino administrativo, nada podem temer do futuro... Preciso descansar um pouco, reanimar a luz que bruxuleia.

LIMA

Ah! maganão quer cair na pândega, então? E zangam-se quando dizem que os velhos têm tanto juízo como as crianças! Aí está o senhor meu sogro projetando entregar uma fazenda destas a um fedelho que só tem prática de viagens para ir desbaratar no deboche a herança de seus netos.

CORONEL

Não é assim, compadre. Entregando ao rapaz a direção das terras deixo-lhe aquilo que dele é por parte materna e, se for infeliz, será o único prejudicado também.

Cena III

Os mesmos, Roberto e Alfredo

Roberto
Seu Coronel, os trabalhadores resolveram trazer o doutor numa cadeirinha carregada por todos.

Lima
Ideia supimpa, não há dúvida, e que me traz uma lembrança dos saudosos tempos da escravidão... prova de humildade demonstrando os bons instintos do povo dos campos.

Roberto
Desejamos, também, que o mestre-escola lhe dirija uma saudação em nosso nome.

Coronel
Aprovo tudo do imo d'alma, pois sei ser essa demonstração filha da sinceridade de vossos corações.

Alfredo
Desculpar-me-á certamente por me eximir da tarefa: não sou orador e julgo que após uma viagem fatigante e longos anos de ausência, o espírito anseia pela soledade e o silêncio, a recordação, que é saudade também, no antigo cenário da infância.

Lima
Bem o percebo, *seu* mestre-escola, do que você tem medo é da sabença do rapaz que andou lá pelas europas e deve ter mais coisa na cachola do que o nosso vigário, que não é nenhuma besta quadrada.

Alfredo
V. Sa. descobriu o X do problema, Sr. João Lima: é essa justamente a coisa que me inibe de arengar às massas.

Coronel
Também eu desejo essa recepção tão singela quão sincera, pois julgo que ser-lhe-á mais agradável rever aqui a cor local dos tempos infantis.

Roberto
Mas de o carregarmos nos braços, de dar muitos vivas ninguém nos pode impedir. Já coloquei de prontidão, estrada afora, todo o pessoal e apenas espipoque um foguete iremos todos ao encontro do filho pródigo.

Lima
Sim, soltem bombas, foguetes, o diabo, como se fosse um levantamento de mastro. E o Lulu que não aparece? Anda por aí com certeza a armar fojos para pegar capivaras: gosta de uma capivara que se lambe todo, o ladrão.

Roberto
Nós o vimos lá embaixo, ao pé do córrego, a jogar pedradas numa casa de joão-de-barro.

Lima
Eu não digo: caça por todo o jeito e por toda a banda o velhaco.

ALFREDO
(*a Roberto*)
Falai no mau...

Cena IV

Os mesmos e LULU

LULU
Bênção de Deus, vovô.

CORONEL
· Deus te abençoe e te crie pro bem. Vamos a saber: em vez de estares aqui, à espera de teu tio, andas por aí a jogar pedras como um *valdevinos*. Onde ficou a besta de tua sela?

LIMA
Lá embaixo, na cachoeira, pois onde diabo havia de ficar? Precisamos voltar cedo: a Maricota ficou só na fazenda, com a filharada bem adoentada, motivo por que não veio ao encontro do irmão.

CORONEL
Numa carroça vinha toda a tralha e cômodo não nos falta, Deus louvado.

LIMA
E a fazenda havia de ficar às moscas? Com o pouco escrúpulo de hoje quem se anima a deixar a casa entregue a subalternos? Se o Lulu lá estivesse, era outro caso, porque ele é seguro no pinguelo.

LULU
E mau pra preto! é pife-pafe: quando não mato aleijo. (*ouvem-se foguetes fora*)

ROBERTO
Corramos ao encontro do Sr. Júlio.

CAMPÔNIOS
(*fora*)
Viva o doutor! viva!

Cena V

Os mesmos, JÚLIO, LAURA, CAMPÔNIOS

JÚLIO
Meu pai! (*abraça-o*)

CORONEL
Meu filho! (*pausa*) Ah! como estás mudado! tens algo de novo e de desconhecido no semblante... uma virilidade distanciando-te bem do jovem que daqui partiu há alguns anos.

LIMA
E tão mudado está que desconhece os próprios parentes.

JÚLIO
Injustiça, meu tio. Depois de tão longa ausência era bem natural que toda a minha atenção convergisse sobre o papai. Oh! mas reconheço tudo e todos

como no dia da partida. Cá está o Roberto, o antigo feitor, Alfredo, meu condiscípulo, Laura, a companheira da infância, Pedro, Antônio, todos. Falta aqui o velho pai Manuel que me estimava tanto.

LIMA
E tua irmã, teus sobrinhos são pés de porco, não é? Não viste sequer o Lulu! chega pra frente, menino, olha teu tio.

LULU
Sôs Cristo, *ti* Júlio.

JÚLIO
Adeus, pequeno. Não os esqueci, meu tio; porém minha irmã, meus sobrinhos, por que não me vieram abraçar?

LIMA
A pobrezinha lá ficou em casa, presa pela doençada que lavra nos pequenos. A Teodora tem um amolecimento nas pernas que a traz tombada, Julinho é cata-cego dos meus pecados, o Silvério com aquela cabeçorra que cresce de dia em dia, mal se move em casa.

CORONEL
São calamidades sobre calamidades! O que vale é o compadre ter o mealheiro bem farto e os filhos não precisarem de trabalhar. Mas estamos a parlar por aí e ainda não sacudiste a poeira da estrada. Vamos. (*saem*)

Cena VI

Laura *e* Roberto

ROBERTO
Vem bem mudado.

LAURA
Está mais homem e mais bonito também.

ROBERTO
Como modificam a gente as terras estrangeiras... Abraçou a todos nós, mesmo os negros, os libertos e não consentiu que o carregassem. Chama a todos de amigos, como se fôssemos farinha do mesmo saco.

LAURA
Quando é bem superior a todos nós, pela ilustração ao menos.

ROBERTO
Quer que o tratemos de Júlio, como dantes. É lá possível um atrevimento destes!

LAURA
Quem sabe se não será moda na Europa?

ROBERTO
Qual moda e qual carapuça! Um patrão é sempre um senhor e deve ser tratado com a reverência devida aos superiores. Isto aprendi eu e quero transmitir a meus filhos.

LAURA

Talvez tenha razão em parte, meu pai: o filho do Coronel, rico, talentoso, preparado, tem algo de superior a nós, mas os rebentos degenerados do Sr. João Lima sê-lo-ão também?

ROBERTO

Decerto, filha. E, embora nos pese, é refinada toleima não querer ver isto que a sociedade estatuiu e alimentar fantasias de igualdade no cérebro do pobre. A nós compete obedecer, observar calados...

LAURA

E assim vão os pequenos, e são a maioria, deixando-se salpicar de lama aterrorizados e ofuscados pelo ídolo de ouro.

ROBERTO

Pois é a vida, menina, e bem tolo quem se insurge contra ela. Cá por mim, mísero feitor de roça, não espero nada mais além da sorte grande; mas se encontrasse uma ocasião de galgar o poleiro, não me importaria de arremessar embaixo os que estivessem no meu caminho.

LAURA

Se alguém o ouvisse, julgá-lo-ia pior do que realmente é. Por educação presta preito aos potentados, atribuindo-lhes uma superioridade que lhes nega, talvez, no foro íntimo; mas quem, com sacrifício, privando-se de maior conforto, deu uma centelha de instrução à filha dos campos, não desce jamais a uma ação mesquinha para galgar o pináculo. O dinheiro não dá felicidade, e se não veja: trocaria a sua humilde posição de pobre com o Sr. Lima, o argentário?

ROBERTO
Nem me fales! Com aquela récua de idiotas em casa, nem por todo o ouro do mundo.

LAURA
Vê como é fácil a gente se desdizer quando as nossas asserções não se baseiam na eterna verdade?

ROBERTO
As tuas palavras servem apenas para me transtornarem o edifício que tenho na cabeça, e sem proveito algum para nós ambos. Hein? mas que vejo? os trabalhadores lá estão no laranjal... Deixa-me espantá-los antes que o Sr. João Lima venha por aí e se ponha a bramar de raiva. (*sai*)

Cena VII

LAURA *e depois* JÚLIO

LAURA
Ingênuo papai! se suspeitasse a verdade, se soubesse que a filha do administrador já amou o proprietário futuro destas terras...

JÚLIO
Laura!

LAURA
Senhor Júlio.

JÚLIO
Que senhoria é essa? Trate-me Júlio, como dantes, para que me assista o direito de lhe dar o mesmo tratamento do passado.

LAURA
O senhor é outro caso: eu devo conhecer o meu lugar subalterno.

JÚLIO
Não há senhor nem subalterno: todos somos iguais. Nenhuma superioridade nos dão dotes físicos que herdamos ou dotes morais adquiridos graças ao trabalho acumulado por outrem.

LAURA
O homem culto vale mais que o rústico.

JÚLIO
Por que um acaso de fortuna lhe facultou uma ilustração que deveria caber a um mais digno, quiçá? Então porque fui melhor aquinhoado, porque usufruo uma instrução que a pobreza recusou a outros, produzindo enquanto eu estudava, devo me considerar superior?

LAURA
A sociedade assim o quer.

JÚLIO
A sociedade... ah! não me cites essa madrasta dos desprotegidos da sorte. Se conhecesses bem, se tivesses sentido a *sanie putrida* que instila essa barregã arvorada em juiz e carrasco dos humildes; se ti-

vesses visto a dor inominável, a imensa dor do proletariado europeu... aquela miséria sem nome abrigando-se nas arcadas das pontes, nos prédios em ruínas e nos esgotos, aprenderias a desprezar esses estultos preconceitos e verias, então, que no mundo só há duas qualidades primordiais – a energia e o amor. Ser forte para jungir o próprio sofrimento, ser bom para minorar a alheia dor.

LAURA
Nós, as mulheres, entes fracos, relegados em segundo plano, não alcançaremos jamais o nível moral dos homens.

JÚLIO
É pelo amor, fonte sacrossanta do bem, que a mulher se dignifica. Não é débil o ser que sustenta essa luta homérica – a criação de um filho desde o berço à puberdade, e que sempre, através da existência, essa rude batalha, agrilhoada a uma inferioridade injusta, que o homem lhe impôs, se devota, mãe ou companheira, a quem a acompanha com uma dedicação de ente bom e forte. E quando a mulher é como tu...

LAURA
Como eu? Pobre de mim, simples camponesa dedicada aos trabalhos domésticos e aos cuidados aos velhos pais, que mérito posso ter?

JÚLIO
Como o sol espargindo calor e luz que são a vida da terra, tu difundes prodigamente a instrução,

luz do cérebro, sobre as inteligências infantis. Sei o papel de fada benéfica representado por ti nestes campos a semear, com uma abnegação sublime, o gérmen do Saber, esses primeiros rudimentos que são a estrada conduzindo à conquista de um paraíso sonhado. E não é o óbolo azinhavrado com que te retribuem os mais favorecidos da sorte o teu sustentáculo nessa missão excelsa, mas sim a ânsia de desvendar a um mundo novo a miragem de um futuro de paz.

LAURA
Quem o ouvisse falar assim, julgar-me-ia melhor do que o sou realmente. Onde foi descobrir essa lenda toda?

JÚLIO
Revelou-ma o interesse que me inspiras.

LAURA
Que interesse pode a filha de um simples administrador despertar em quem a fortuna bafejou desde o berço e que possui dotes colocando-o em outra esfera?

JÚLIO
O que inspira a beleza, a grandeza d'alma aos que na vida se obumbram à refulgência do ouro.

LAURA
Se seu pai o ouvisse...

Júlio
Tenho um roteiro traçado e segui-lo-ei embora me esfacelem os membros as urzes da estrada. Houve outrora, em antiguidade remota, um gênio que se rebelou contra a ordem estabelecida, porque a julgava incompatível com a felicidade humana... perturbou a engrenagem das injustiças daquela máquina infernal – o autoritarismo judaico – e pagou com a forca a sua audácia de reformador. Quantos como ele tombaram no campo da luta, quantos perecerão ainda até atingirmos o ideal sonhado – o amor como universal cadeia entre os homens?!

Laura
Há em suas palavras algo de misterioso e novo que não compreendo.

Júlio
Compreendê-lo-ás mais tarde: quero-te consócia no meu anelo de regeneração social.

Laura
Eu?! Está brincando, certamente.

Júlio
Sei com que desvelo te devotas aos pequenos e quanto bálsamo de consolação tens para as chagas da injustiça. Depois... és a companheira dos meus descuidosos dias da infância, a imagem que me seguiu sempre nesse voluntário desterro, longe do berço natal.

LAURA
Ah! não zombe de mim!

JÚLIO
Zombar, eu? Vi mulheres formosas em *pose* estudada, ostentando uma caridade fictícia e uma beleza mais falsa ainda. Numas a religião dourava os vícios; noutras a habilidade da modista corrigia as imperfeições naturais e em todas o *cold cream* e o carmim eram os fatores do encanto; nas denominadas grandes damas só deparei banalidade, fingimento e *coquetismo*: jamais a candidez imaculada de teu rosto se refletiu num daqueles semblantes. E nas horas solitárias de Celebes eu via numa recordação, e era saudade também, a imagem querida deixada aquém dos mares no meu remoto sertão.

LAURA
É maldade evocar um passado bem morto. Em face da muralha que nos separa, sinto quão insano era aquele afeto infantil.

JÚLIO
Não era; tenho-o bem vivo ao menos em minha alma esse tempo feliz. E em cada panorama desenrolando-se ainda há pouco ante meus olhos, nestas paragens testemunhas de nossos primeiros votos surgia-me bem nitidamente a excelsa visão gravada em meu cérebro.

LAURA
Para que martirizar-me, se sabe da inanidade desse almejo?

Cena VIII

Os mesmos e ROBERTO

ROBERTO
Lá espantei do laranjal os sanhaços. Não, que, se o Sr. João Lima os visse, era capaz de nos ensurdecer a todos com os seus berros.

JÚLIO
Que dizes, Roberto?

ROBERTO
É cá uma coisa que estava a falar com os meus botões... Não deixa de ser uma pouca-vergonha os trabalhadores a avançarem sobre o pomar... O responsável depois é o pobre administrador.

JÚLIO
Então meu pai com esse laranjal imenso lastima algumas frutas que os míseros comem?

ROBERTO
O patrão não; mas seu cunhado não perdoa nunca essas faltas.

JÚLIO
Grande crime em verdade, proletários se deliciarem com alguns frutos das árvores que plantaram.

LAURA
Está a zombar da gente.

JÚLIO
Falo o mais seriamente possível; quem trabalha tem o direito de gozar o produto do esforço na medida de suas necessidades e não de suas forças e jamais receber como recompensa um irrisório salário. Não podes compreender isto, meu velho, educado nos prejuízos de uma sociedade em agonia; é aos moços a quem me dirijo, aos operários da humanidade futura.

ROBERTO
Ah, eu ouço rosnar por aí umas histórias de uma Rússia por esse mundão fora pondo a gente com a cabeça a juros. Olhe, quer saber, senhor doutor, desde que libertaram os negros, expulsaram o imperador, a coisa foi de roldão e já não me admiro mais quando vejo um rústico referindo-se aos patrões dizer: – "Tão bom como tão bom!"

JÚLIO
E o é de fato. Todos nós somos iguais no direito à existência e no respeito mútuo que devemos uns aos outros. Acidente de cor, defeito físico, sânie moral mesmo de que o homem não é réu não fazem desaparecer o equilíbrio humano. Grandes são por certo os fortes e os bons, isto é: os que têm forças para resistir ao sofrimento, para matar o mal, que é a injustiça, para mitigar a alheia dor, amando com todo o ser como se deve amar.

ROBERTO
O senhor que o diz lá sabe por quê; cá por mim só entendo de negócios de lavoura; derrubar matas,

fazer coivaras, cevar, semear, plantar e colher. Nesse pouco eu também sou meio doutor.

LAURA

E se dissessem ao papai que mesmo nesse ponto de crença, que julga intangível, está muito longe da verdade de hoje e do progresso de amanhã... que os seus processos de cultura são atrasados...

ROBERTO

Menina, nem cá o senhor doutor com todos os seus estudos será capaz de fazer torcer o *degas* em coisas de lavoura.

Cena IX

Os mesmos, CORONEL, JOÃO LIMA e LULU

CORONEL

Que diacho estás aí a discutir, Roberto?

ROBERTO

Que há de ser? Esta sirigaita teve o descoco de dizer a mim que era atrasado o nosso sistema de agricultura.

LAURA

Mas não é uma verdade que está a entrar pelos olhos, Sr. Coronel?

LIMA

Se não tivesses malbaratado as tuas economias mandando-a para uma escola normal, estarias livre destas e outras. Pra encurtar razão: chora na cama que é lugar quente.

Júlio

Perdão, meu tio, nas palavras dela nada há de ofensivo. Dizer que é atrasado e prejudicial o sistema rotineiro de destruir florestas, queimar madeiras, incinerar o húmus da terra, despender em cercados provisórios um trabalho que poderia ser melhor aplicado, é confirmar apenas o que a experiência de milênios de lavoura intensiva provou em outros países. Se não me falecer a coragem, se adotarem o meu ideal, transformarei a fazenda num campo modelo e com mínima soma de esforço humano obteremos o produto máximo jamais atingido aqui.

Coronel

Pela minha parte, já te disse, estou pelo que fizeres. Vou fazer uma estação de águas, viajar também, aproveitar um pouco esse bruxulear de existência consumida toda no afã de entesourar somente; nem só de pão vive o homem.

Lima

Hum, marreco! Quer tomar um pouco de regabofe, hein, seu compadre? Pois olhe, roçamos pela mesma idade e cá o meco anda cão a cão agarrado na fazenda, para aumentar a herança dos pequenos.

Laura

Quem já tem imensos haveres para que se esbofar tanto? Vastas florestas, um mar de campinas e prados infecundos, por impossibilidade de cultivá-los, não lhe bastam?

ROBERTO
Decerto: nestas vinte léguas ao redor não há um homem que lhe ponha o pé em frente.

LIMA
O meu sonho é ser o mais rico de todos esses brasis! Mas a malandragem hoje está tão apurada que quem menos corre voa. Os ladrões entram para a roça depois do sol nado e querem sair antes de chegar a noite.

LULU
Abusam da bondade do pai, porque ele quase não bate nos camaradas e só prende no tronco. Ah! não é por gabar não, pai, mas, se eu fosse delegado como vancê, havia de deixar um bicho no tronco até fedê.

CORONEL
Realmente está penosa a lavoura, depois que desapareceu em parte, à invasão do estrangeiro, a submissão muda do servo de antanho.

JÚLIO
Julgam pouco, portanto, doze horas de trabalho neste clima exaustivo dos trópicos? Se são maus os resultados, culpem o método de cultura e a indolência de uma maioria que parasitariamente vegeta à sombra dos produtores.

CORONEL
És homem lido e corrido e lá sabes o que dizes. E, a propósito, em que carreira te formaste?

Júlio
Em nenhuma: o diploma não é prova de saber, os exames não são indício de competência. Estudei ciências físicas e naturais com o intuito de adquirir conhecimentos necessários e vitais de uma sociedade bem constituída; aprendi línguas vivas no campo da luta, completando com a prática noções bebidas nos livros; porém a lição superna que fruí não se aprende nos compêndios nem nas academias! conheci a injustiça da organização atual, auscultei a miséria do proletariado e adquiri amor humano que deve ser o código gravado em todas as almas.

Lima
Então, pra encurtar razão, não tem o canudo? Sair daqui por um capricho tolo, porque te contrariou o meu consórcio com tua irmã, levar a parte da herança materna; que não era pequena, deixando apenas esta fazenda, porque não a pudeste carregar e voltares agora como qualquer Manoel de Souza, sem título e sem dinheiro, é coisa que se conte? Olha, o Lulu está há seis anos na escola e se daqui a dois ele não estiver lendo por cima, mando o mestre às favas.

Lulu
Tanto *véve* quem sabe como quem não sabe.

Coronel
Não és doutor, então? Podias ser deputado, político em evidência e não serás mais que um lavrador sem os proventos e a glória dos homens de governo.

JÚLIO
Não nasci talhado para essa escada onde é preciso a gente curvar-se para subir, enlameando as faces por vezes.

LIMA
Pois eu, se Deus não mandar o contrário, hei de fazer do Lulu pelo menos um deputado estadual.

LAURA
É mesmo dessa massa que eles são feitos, Sr. Lima.

Cena X

Os mesmos e pai MANUEL

MANUEL
Zimola pra mor de Deus!

JÚLIO
Que vejo? o pai Manuel a mendigar! Pois já não está na fazenda?

CORONEL
Estava muito velho... precisava descansar.

LIMA
E como não dava mais serviço e era um homem livre, aconselhei o compadre que o mandasse granjear a vida em outra freguesia.

JÚLIO
Meu pobre velho!... Já não me conheces? Sou o Júlio, a quem salvaste um dia da morte, com risco da própria vida, arremessando-te em impetuosa corrente. Desconheces-me, então?

MANUEL
Eh! eh! *pá Mané tá bronco* de todo.

JÚLIO
O sofrimento matou-te quiçá a memória, mas hei de reparar a injustiça. Apoia-te ao meu braço, senta-te ao meu lado.

CORONEL
Não vês que é um liberto.

JÚLIO
É um homem.

ROBERTO
Um negro!

JÚLIO
Um homem!

LIMA
Um pinga miséria que não tem onde cair morto.

JÚLIO
Quanto mais deprimido, quanto mais desgraçado e mais pobre é um homem, maior soma de afeto e mais respeito merece. Foi o que aprendi; a minha

máxima conquista em anos de peregrinação, foi esta: – a energia para vencer o estulto orgulho, separando os homens, e a bondade, para matar a dor. (*abraça pai Manuel*)

FIM DO PRIMEIRO ATO

SEGUNDO ATO

(*O mesmo cenário do primeiro ato, mas a fazenda tem um jardim na frente.*)

Cena I

Campônios cantam e dançam

Coro
Tudo vive alegremente,
Já não é pena trabalhar.
    Sim, senhor!
Todo o mundo está contente,
Não há briga ou mal-estar.
    Sim, Senhor!

Elô! elá!
Essa prisão, fazenda,
Hoje é bela vivenda.

Que alegria, olé
Pelo franco bem-estar;

Trabalhamos, olaré,
Para o fruto partilhar.

JÚLIO
(*entrando*)
Meus amigos, venho do açude onde estive com outros camaradas: o dique ameaça ruir e é mister reforçá-lo, ao contrário ficaremos sem água para irrigação dos prados e para mover as máquinas.

ALFREDO
Vamos, camaradas, e, como sempre, unamos os nossos esforços em prol do almejado sonho.

TODOS
Vamos! vamos!

Cena II

JÚLIO *e* ROBERTO

ROBERTO
Já vai para mais de um ano que tomou conta disto e, digo-lhe com franqueza, ainda não atinei com o fito almejado.

JÚLIO
É o que aí vês: incuti nos homens a noção do trabalho, não como pena, mas como necessidade vital, fi-los compreender o direito à existência que todos temos; a solidariedade e o respeito devido mesmo aos decaídos.

ROBERTO
É muito bonito, não há dúvida; mas o que meu bestunto não pode explicar é o lucro que aufere daí.

JÚLIO
Fazer maior número de felizes, caminhar para a perfectibilidade humana. Realizarei o meu ideal? Os frutos colhidos nessa primeira experiência são animadores por certo; os camaradas vivem contentes, fartos, bem vestidos... em vez de 12 horas de labuta em que se esfalfavam dantes, graças ao auxílio das máquinas, laboram apenas 5 horas ao dia e esse trabalho feito em comum, sem exceção de ninguém, mesmo os senhores de outrora, é tão suave que os celeiros regurgitam de cereais, nos campos virentes pascem os nossos auxiliares na luta e a prosperidade da fazenda rala de inveja aos retardatários.

ROBERTO
Sei, sinto tudo isto; mas não compreendo por que chama consócios esses homens que trabalham em terras suas e com ferramentas suas também.

JÚLIO
A terra foi dada a todos os seres pela natureza, mãe benéfica e imparcial, como fonte comum imprescindível à existência. Tudo é de todos e os instrumentos de trabalho, as invenções representando um legado de gerações passadas e anônimas não podem constituir propriedade exclusiva de alguns homens apenas.

ROBERTO
Será como o diz; mas eu não estou contente, embora nada me falte; ouço diariamente o sermões do Sr. João Lima e as ameaças do patrão voltar como uma bomba sobre mim. Não, não estou satisfeito.

Cena III

Os mesmos e JOÃO LIMA

LIMA
Ninguém está! Mas felizmente o maluco do compadre, tão doido como o senhor meu cunhado, deve estourar por aí a qualquer hora, graças aos meus chamados incessantes, e vai ver a casa de orates em que foi isto transformado.

JÚLIO
Meu tio, estamos em polos opostos... longe... tão longe um do outro, que as nossas palavras jamais serão reciprocamente ouvidas. Corro a auxiliar os meus camaradas.

Cena IV

ROBERTO, JOÃO LIMA *e* LULU

LIMA
Lá vai o maluco pegar no duro com os outros. Se ao menos ele fosse sozinho... mas até o Lulu estava no açude a bater ferramenta entre a perrada, como se fosse tudo farinha do mesmo saco e anda por aqui, também, metido nas cantorias e nas danças.

Antigamente este rapaz só se divertia com as caçadas de capivara.

LULU

E inda babo por elas! *trezanteonte* armei o fojo, a bicha caiu, *sartei* acima e soquei nela o ferro sem dó.

ROBERTO

Cá o Sr. Lulu tem estado nos divertimentos, nas patusqueiras da rapaziada, é certo, mas ainda não mourejou com os outros.

LIMA

Pois eu o vi; com estes que a terra fria há de comer, batendo enxada como se tivesse necessidade de trabalhar, metido entre a canalha, se esquecendo para encurtar razão, que quem com os porcos se mistura farelos come.

ROBERTO

Acho que pensa Vamencê muito bem: os exemplos de respeito à propriedade dados aqui são para aterrorizar um conservador como o Sr. Lima.

LIMA

É uma desgraceira; o gado já não vai marcado, quem quer tira leite, faz queijo e manteiga ao bel-prazer; os cereais estão à disposição dos trabalhadores e não me admiraria se amanhã vendessem fora os animais da fazenda. Nós é que seríamos prejudicados.

LULU

Com *veiaco*, *veiaco* e meio: *pramode* as dúvidas já botei o ferro numas *novias* do vovô.

Cena V

Os mesmos e Coronel Lemos

Roberto

O patrão!

Lima

Seja bem-vindo, *seu* compadre! Já não era sem tempo: julguei que ficaria na pândega o resto da vida. Como vem atrasado!

Lulu

Vovô andou também atrás das capivaras? Bênção de Deus.

Coronel

Deus te crie pro bem. Roberto, avisa ao Júlio da minha chegada.

Lima

Lulu, anda daí, vai pescar, que precisamos ficar sós.

Cena VI

João Lima *e* Coronel

Coronel

Escreveu-me tantas cartas assustadoras, entretanto, eu o confesso, compadre, a impressão imprevista e recebida não pode ser melhor. Está um brinco a fazenda, toda transformada, com campos estéreis outrora cobertos de promissora seara. Como pode o meu rapaz fazer tanto em tão pouco tempo?

Lima

Mais ainda do que pensa; aqui já não se derruba nem se queima mato, os trabalhadores batem apenas 5 horas no dia, o produto da lavoura é todo comum e o belo gado vacum e cavalar que aí deixou está à mercê desses brutos. Se depois de uma tal exposição, ainda julga sensato o procedimento do senhor meu cunhado, só tenho a dizer, pra encurtar razão: tão boa é a tampa como o balaio.

Coronel

Pode haver exagero em tudo isso, compadre. Absorvido pelos trabalhos da fazenda e a moléstia dos pequenos, preso aos cuidados da cultura rotineira, nem lhe sobra tempo de bem observar e as informações obtidas podem ser falsas sob muitos pontos de vista.

Lima

E o melhor, vá escutando, *seu* compadre, enquanto ninguém nos ouve, é que o bom semeador anda de namoro com a filha do Roberto, a lambisgóia sabichona, toda cheia de *sss* e, se não se aprecatar, no pé em que vão as coisas, ainda há de ver como nora uma pobretona daquelas; quem me avisa, meu amigo é...

Coronel

Júlio não fará tal: tem instrução e senso bastante para medir a distância, separando-se dessa campônia. Além disso, confio em Roberto: é-me bastante dedicado e casá-la-á com outro para conjurar o perigo.

LIMA

Pois então vai cair a sopa no mel! O mestre-escola baba-se pela rapariga.

CORONEL

E se Laura não quiser, se Júlio resistir?

LIMA

Ambos têm topete para mais. Pra encurtar razão: cesteiro que faz um cesto, faz um cento, tendo taquara e tempo.

CORONEL

Lá vem o Júlio. Peço que se retire, compadre; quero conversar a sós com ele.

Cena VII

CORONEL *e* JÚLIO

JÚLIO
(*abraçando-o*)
Meu pai!

CORONEL
Júlio! Não contavas comigo, hein?

JÚLIO
Foi uma surpresa muito agradável, confesso.

CORONEL
Estava cansado da vida ociosa... Julguei também que tivesses necessidade dos conselhos do teu velho

pai: o que vi, porém, me capacitou de tua habilidade e de teu tino administrativo.

Júlio

Fiz o máximo possível no pequeno espaço de tempo e na transformação de uma lavoura extensiva e rotineira para a intensiva e sob os modernos processos. Drenei pântanos tornando-os salubres e os utilizando na cultura do arroz; arei varzedos e colinas desprezados e sem gasto de adubos, revolvendo a terra para azeitá-la bem, arranquei-lhe do seio farta messe; fiz prados virentes e belos onde o gado pasce nédio e sadio; os antigos campos extensos e abertos foram divididos e cercados e em vez de uma pastagem única estragada pelas patas do gado e improdutiva, consequentemente, temos diversas que são ocupadas sucessivamente. Não quis, como outros lavradores, estar sujeito aos caprichos do bom ou do mau tempo: estabeleci, como deve ter observado, plantações em terrenos facilmente irrigáveis. Introduzi novas máquinas para arar, escolher semente, capinar e colher: consegui em parte o moderno *desideratum* – a maior soma de produto com o menor esforço humano possível.

Coronel

Tudo é muito lisonjeiro, de fato, e mostra que não perdeste o teu tempo; mas segundo me informaram os camaradas trabalham aqui cinco horas apenas.

Júlio

Nem é preciso mais para produzir abastança. O labor feito aqui, em comum, não é a tarefa odiosa e fatigante dos outros tempos. As horas suplementares do dia empregamos nas artes, ciências, jogos esportivos: uns se dedicam à pintura, outros à música, outros à mecânica, e cada qual se esforça mais e mais para adquirir os conhecimentos necessários à existência e ao bem-estar comum.

CORONEL
Muito bem; qual foi o rendimento da fazenda nestes dois anos?

JÚLIO
Os celeiros estão repletos e com a permuta de cereais obtivemos os tecidos necessários aos camaradas: andam bem vestidos, como deve ter visto. Temos prados semeados, legumes à farta, frutas, laticínios e todos os animais domésticos. Que mais poderíamos almejar em tão breve espaço?

CORONEL
E em dinheiro quanto entesouraste?

JÚLIO
Nem eu, nem meus camaradas, embora recalcitrassem a princípio, nos preocupamos com o capital, fato responsável de todas as catástrofres humanas.

CORONEL
Então esses homens não recebem salário?

JÚLIO
Não, por certo, porque o salariado é uma nova forma de escravidão, substituindo os processos dos

tempos idos. Usufruem livremente, com as crianças e os velhos, o fruto do trabalho comum.

Coronel

Mas estás louco, completamente perdido! o que vens de me expor é um verdadeiro absurdo: espalhaste aqui a má semente. Nem talvez distinção de classe há mais.

Júlio

Todos os homens são iguais: as diferenças físicas ou as taras morais independentes da vontade não deprimem nem elevam ninguém.

Coronel

Bem, não prolonguemos um assunto em que divergimos imensamente. Como deves saber, não é meu propósito enterrar a tua mocidade nestas selvas. Na Capital conversamos longamente a teu respeito e deixei mais ou menos conchavado para ti um casamento com a filha do Pena, tua prima materna.

Júlio

Fico-lhe muito grato, meu pai, mas não a conheço nem a amo consequentemente e o amor deve ser a base de todas as uniões.

Coronel

Não conheces outra coisa: viste-a muitas vezes, antes de tua partida para a Europa. Além de ser educada na cidade é uma mocetona bonita.

Júlio
Na mulher, o que seduz nem sempre é a formosura, mas sim a beleza. Um coração bem formado para levar o bálsamo às chagas sociais, uma alma forte para resistir à dor valem mais que um rosto lindo e um corpo escultural.

Coronel
De acordo: é ouro sobre azul! Mas tua prima, sabes muito bem, além de *chic*, é filha de um velho comerciante que amassou grande fortuna no comércio.

Júlio
Um parasita que se enriqueceu especulando com a miséria e a toleima dos pobres.

Coronel
Hoje, porém, é um capitalista e tem assim triplicado a sua fortuna.

Júlio
Um explorador de pior espécie ainda, porque vive das desgraças alheias.

Coronel
Isso é lá com ele! Tu, com o que receberes de dote unido ao que tens, não precisarás de especular nem de trabalhar tampouco. Poderás vender esta fazenda ao compadre Lima e, lá embaixo na Capital, com o talento que tens, com a influência de teu sogro, a minha e a do compadre, que é fera em tricas eleitorais, farás carreira política, mesmo por esporte quando mais não seja.

Júlio
A política! mas é tão negregada como o capital: é um parasitismo mais torpe quiçá esse, meu pai; para subir é preciso por vezes enxovalhar-se a face, vender a consciência, calcar aos pés a justiça.

Coronel
És um incontentável. Entretanto amas a filha do administrador, segundo me disseram.

Júlio
É verdade.

Coronel
Uma descendente de escravos nossos.

Júlio
A mulher superior que soube compreender o meu sonho de regeneração social.

Coronel
(*alterando-se*)
Seja! Não consentirei jamais em tal aviltamento.

Júlio
Sou livre e farei o que nos aprouver.

Coronel
Desobedeces-me, então?

Júlio
A autoridade paterna tem como único alicerce o amor; a violência lhe derroca a base jogando-a por terra.

CORONEL

Retira-te da minha presença! Saberei defender um nome que queres envolver numa aventura ridícula e insensata.

JÚLIO

Cada qual age segundo a sua consciência: tracei um roteiro na vida e hei de segui-lo, ainda que seja o único: ser livre em terras de escravos. (*sai*)

Cena VIII

CORONEL *e* JOÃO LIMA

CORONEL

E esta?

LIMA

É chorar na cama, *seu* compadre. Estava dali bispando a conversa. Não lhe digo sempre que esse negócio de instrução é rematada loucura? Vê o seu letrado, que topete tem! Olhe, o Lulu não lê ainda por cima, é verdade, mas lhe tirando a mania das capivaras, é incapaz de fazer loucuras tais e respeitoso até ali.

CORONEL

Também Júlio o era; foi essa mulher quem lhe transtornou a cabeça; não podendo atingi-lo, meu filho desceu ao seu encontro.

LIMA

Mande-a plantar batatas e mais o bom do pai.

CORONEL
Seria capaz de segui-la. A minha primeira ideia é a melhor: casá-la com o mestre-escola, dotá-la, se preciso for.

LIMA
Afinal, quem paga o pato é sua filha, a pobre de minha mulher, com esses desfalques de herança. Ah! *seu* compadre, boas contas tem de dar a Deus, por essas e outras.

CORONEL
A felicidade de meu filho, o sossego de todos nós compensam bem uns míseros contos despendidos.

LIMA
No fundo, pra encurtar razão, isso não é comercial. Comigo resolvia a questão com uma boa sova de pau. Desancava-lhe a cabeça até criar bicho; ou morria ou tomava juízo.

CORONEL
Silêncio! aí vem o feitor.

Cena IX

Os mesmos e ROBERTO

CORONEL
Anda cá, Roberto. Preciso falar-te sobre negócio de importância.

Roberto
Às ordens, patrão.

Coronel
Deves ter visto a preocupação que me conturba o espírito. Recebi diversas cartas do compadre pintando a babel em que haviam transformado a fazenda, e bem a meu pesar o confesso: não houve exagero.

Roberto
Nenhuma responsabilidade me cabe; era subalterno, devia obedecer sob pena de perder o lugar.

Coronel
Não é somente o descalabro financeiro que me agonia: há um estilete mais agudo apuando-me o coração.

Lima
É verdade, o pobre do compadre está como se lhe tivessem enfiado um espeto quente... pelo pé adentro.

Coronel
Tu podes remediar o mal, Roberto.

Roberto
Disponha, então, de mim, *seu* Coronel.

Coronel
É bem patente o amor de Alfredo, o mestre-escola, por tua filha.

LIMA
Uma paixão sorumbática e plangente, pra encurtar razão.

ROBERTO
Não tenho tempo para andar pescando essas coisas; mas *vamencê* que o diz é porque o sabe.

CORONEL
Tua filha não pode encará-lo também com indiferença e, se o faz, será fácil convencê-la das vantagens de um tal partido.

LIMA
Até porque o amor não é gênero de primeira necessidade.

ROBERTO
Tem os seus conformes: para nós, os pobres, é a moeda que levamos.

CORONEL
Como faço muito empenho nessa união, não duvidarei de auxiliar a noiva com três... (*Lima puxa-lhe o paletó*) uns dois... (*idem*) um conto de réis.

LIMA
Qual o quê, *seu* compadre! 500 mil-réis bastam. O rapaz abre uma bitácula e o cobre dos trouxas começa a pingar lá dentro que é um louvor a Deus de gatinhas.

ROBERTO

Está tudo muito direito, se a rapariga estiver pelos autos.

CORONEL

Se não estiver, obrigue-a.

LIMA

Nós somos da cartilha antiga e é o mais seguro destes negócios: uma boa sova de pau, pra encurtar razão.

ROBERTO

Será; mas obrigar minha filha a casar-se contra a sua vontade, não o farei jamais.

CORONEL

Se não se realizar o consórcio, ver-me-ei forçado a despedi-los, porque só terei tranquilidade no dia que a vir casada ou longe daqui.

ROBERTO

Minha pobre filha!... Que culpa pode ter das inovações que por aí vão?

LIMA

Bem diz o ditado: o cabeçudo é o último a sabê-lo. Pois não percebeste ainda, pra encurtar razão, que o palerma de meu sobrinho está pelo beiço com tua filha?

ROBERTO

Zomba de mim.

CORONEL
É uma verdade, infelizmente. Júlio me confessou esse amor e foi uma nova tortura para mim... O desgraçado não mede a diferença de classe; mas tu, Roberto, educado em outros princípios, reconheces decerto essa desigualdade.

ROBERTO
Sim, bem a conheço, carrego sobre os ombros desde a infância a pesada túnica da pobreza.

LIMA
E não é só isto. Tua mãe, que Deus haja, apesar de mulata clara, foi escrava lá de casa e por vezes lhe cheguei o couro ao lombo, porque sempre fui mau pra negro.

ROBERTO
Basta, Sr. João Lima! Para que revolver as cinzas de um passado que deveria estar morto para sempre? Se há vergonha nessas cenas, não é para as vítimas, decerto. Sou grato aos seus favores e saberei cumprir com o meu dever: se minha filha recusar, deixarei de ser seu agregado, Sr. Coronel. (*Coronel e Lima saem*)

Cena X

ROBERTO *e logo* LAURA

ROBERTO
(*só*)
Este Sr. João Lima... E que homem eu sou: não lhe arranquei os dentes com um murro quando re-

memorou o martírio de minha mãe. Tem talvez razão o Sr. Júlio: há uma grande injustiça a sanar neste velho mundo apodrecido.

LAURA
(*entrando*)
Por que venho encontrá-lo pensativo e só, meu pai?

ROBERTO
Estava aqui a matutar o teu futuro.

LAURA
Sim?

ROBERTO
Sabes? Querem te casar.

LAURA
Quem, meu pai?

ROBERTO
O patrão e o Sr. João Lima.

LAURA
Que interesse pode a pobre filha de um administrador inspirar a estes homens de dinheiro?

ROBERTO
Estão a pensar absurdos: que o Sr. Júlio baba-se por ti e que tu estás a morrer de amores por ele e temem que essa fortuna, ganha Deus sabe como, venha a cair em tuas mãos.

LAURA

Podem estar tranquilos. Eu e ele desprezamos bastante a riqueza e não nos seduz uma ambição vil. Desejava ser simplesmente uma companheira, uma auxiliar nessa sementeira do bem, porque nos seus sonhos de reformador sinto a crisálida de regeneração social e, no afã generoso em prol da nova ideia, vejo a miragem de um paraíso para os desprotegidos, lutando e sofrendo há séculos a perene injustiça.

ROBERTO

Conheço os teus sentimentos generosos. Mas que podes tu, pobre mulher, contra leis iníquas estatuídas pelos homens?

LAURA

A mulher pode muito, calcando com um pé os preconceitos e com o outro o coração; caminhando sempre de fronte heril, através da vida, sustentada pela energia para vencer a própria dor, e a bondade para mitigar a alheia pena.

ROBERTO

Santa menina! E aqueles biltres, não valendo uma ponta dos teus cabelos, temiam que lhes enxovalhasses a família. Mas que dizes sobre um pedido de casamento do Sr. Alfredo?

LAURA

É um bom moço, dotado de excelente coração e de uma alma onde germina facilmente o bem; mas... não o amo, meu pai.

ROBERTO
No casamento o que se quer é a conveniência: o amor entra em segundo plano.

LAURA
Ele se evola como todas as paixões no cadinho do tempo, reconheço; mas é o ímã que une as espécies e sem ele a humanidade teria desaparecido da face da terra.

ROBERTO
Não discutamos, porque me levas à parede; és um pouco doutora e eu mal aprendi a ler. O principal aí está: esse matrimônio faz a felicidade de Alfredo e traz a tranquilidade a nós, ameaçados de expulsão.

LAURA
Sacrificar-se é por vezes uma maneira de ser forte e de fazer o bem: para a felicidade de um maior número, aceito.

ROBERTO
Ah! Eu sabia que tinhas força bastante para conjurar a desgraça prestes a ferir-nos. Está salva a pátria!

LAURA
(*consigo*)
E morto o meu pobre coração.

ROBERTO
Sr. Coronel! Sr. João Lima!

Cena XI
Os mesmos, CORONEL *e* LIMA

LIMA
Que há, homem?

ROBERTO
Está decidido o negócio, Sr. Coronel: Laura aceita.

CORONEL
Tu te mostras assim razoável e mais sensato do que meu filho.

LIMA
Isto foi sempre uma rapariga de juízo e, se não fosse a desigualdade de fortuna etc., etc., não me importaria de casá-la com Lulu.

LAURA
Agradecida, Sr. Lima; mas eu rejeitaria tal honra em qualquer hipótese.

LIMA
Por causa das caçadas, talvez?

ROBERTO
É necessário combinarmos o prazo com o noivo.

CORONEL
Pelo mestre respondo eu. É nosso empregado há alguns anos e sempre foi um submisso. Poderá ser daqui a dois meses, não é assim, Laura?

LAURA
Como queiram; para quem se sacrifica, presente e futuro se confundem no passado.

LIMA
Qual dois meses e qual carapuça! Nestas coisas é anda mão e fia dedo. Pra encurtar razão: aproveitemos enquanto o trem está quente.

ROBERTO
Há os papéis, as formalidades do civil.

LIMA
Tudo se arranja com *arame*. O nosso vigário é razoável e não resiste a certos argumentos.

ROBERTO
Mas o escrivão...

LIMA
O Domingos, Deus louvado, não é homem de escrúpulos tolos: basta untá-lo com uma pelega de vinte. O compadre deve se lembrar quando reduziu a mingau a cabeça daquele camarada... foi uma de cinquenta e o auto não se fez. Um pouquinho salgado, mas, pra encurtar razão, mais vale um gosto do que quatro vinténs.

ROBERTO
E o Juiz de Paz?

CORONEL
Por esse respondo eu: é criatura minha...

LIMA
Sem dúvida, porque se está em primeiro lugar, apesar de não enxergar nada, é graças ao compadre e ao *degas*; em ocasiões como esta a gente precisa de uma autoridade razoável.

LAURA
Eles é que são sensatos nessa podridão em que se rebalsam... os libertários, os loucos.

CORONEL
Não devemos perder tempo. O compadre vai à cidade remover os obstáculos e faremos o casamento ainda esta semana. (*ouvem-se cantos fora*) Que é isto?

ROBERTO
São os camaradas que voltam do açude.

LIMA
Aqui agora é assim, *seu* compadre: tudo ao som de cantarolas. Deus queira que o Lulu também não esteja na frota.

Cena XII

Os mesmos, ALFREDO, JÚLIO, LULU *e camaradas*

Coro
Tudo vive alegremente,
Já não é pena trabalhar etc.

Lima
Passa pra aqui, seu Lulu! Lé com lé, cré com cré.

Coronel
Amigos! Alegra-me bem esse júbilo com que festejais o trabalho, demonstrando ser uma das mais nobres funções da vida, porque é o mantenedor dela. E mais justa é essa alegria hoje, porque vamos galardoar um par, constituindo o orgulho da nossa fazenda. Cantai, folgai em regozijo ao próximo consórcio de Alfredo e Laura.

Júlio
Que escuto!

Lima
Osso duro de roer é que é.

Alfredo
Foi atendido, então, o meu anelo: sua filha...

Roberto
Casa-se contigo por livre e espontânea vontade e o senhor deseja que se realize quanto antes esse negócio.

Coronel
Sim, meu amigo, é inútil acrescentar que me rejubila imensamente a tua felicidade. Tu, Júlio, partirás amanhã para a Capital a encaminhar uns negócios de que encarreguei o nosso parente e amigo Pena, em cuja casa te hospedarás.

JÚLIO
Obrigado, meu pai! o meu lugar não é junto à herdeira rica com que sonha degenerar a nossa raça, aumentando assim uma fortuna que desprezo como causadora de males. O homem que tem um ideal superior luta e sofre na propagação de suas ideias... A recompensa não está na satisfação de ambições mesquinhas, de efêmeros gozos, na vitória do amor-próprio: vendo germinar em torno de si o bem semeado, sente-se feliz.

CORONEL
Mas sonhas uma utopia, uma quimera, desgraçado.

JÚLIO
Não discuto se realizável ou irrealizável: sei que é verdadeiro, justo e belo, e isto me basta. Os homens de amanhã saberão optar pela boa semente.

LIMA
Péssima é que ela é. Uma má ovelha põe o rebanho a perder; o que não fará este mau pastor com as suas nefandas doutrinas!

JÚLIO
Nefandas por quê? Eu prego o bem, o amor entre os homens, nobilito o trabalho, condeno o parasitismo ocioso do rico; aconselho a prática de preceitos científicos que tornam mais felizes prodigalizando-nos grande soma de bens, condeno a mentira, a hipocrisia, a infidelidade constituindo ora o adorno de um mundo que se esfacela e chamais a minha doutrina de má semente! Seja! Meus amigos, escolhei

entre mim e eles, entre os bons (*designa-os*) e o mau pastor.

Todos
Viva o mau pastor!

FIM DO SEGUNDO ATO

TERCEIRO ATO

(O mesmo cenário do segundo ato.)

Cena I

LAURA
(só)
Qual o desfecho desse drama desenrolado aqui? Quantas vítimas sacrificadas quiçá. Que importa o sofrimento se alcançarmos a vitória em prol do progresso e da solidariedade humana?

Cena II

ALFREDO *e* LAURA

ALFREDO
Laura, esperei que os ânimos se serenassem, que se dispersasse a onda de oceano em fúria, rugindo

em torno de nós, para vir ouvir de teus lábios a palavra de verdade: a tua aquiescência ao casamento foi livre e espontânea?

LAURA

Meu pai o exigiu, impelido por outros, vendo em mim, pobre mulher, o facho da revolta. Nesse consórcio planejado, como em quase todos os outros, não é o interesse, a conveniência o único elo da cadeia?

ALFREDO
Não sou correspondido, portanto?

LAURA
Posso me sacrificar, galgar sem protesto, para bem de outrem, o meu calvário; mas repugna à minha dignidade de libertária mentir, ser hipócrita, tecer esta trama de embustes em que se embalam os ricos, enganando-se, iludindo o mundo com uma moral que é uma simples máscara por vezes para encobrir o vício e as torpezas de uma sociedade corrupta. É leal e bom, admiro-o no seu apostolado de instruir a infância, mas... não o amo.

ALFREDO
Espírito forte, inteligência superior, submetendo-se assim aos desejos de seu pai, é porque em sua alma, certamente, não viceja outro amor.

LAURA
Era um segredo... desejava-o sempre sepultado no fundo do peito; mas a mim mesma, depois do meu novo ideal, jurei ser franca e sincera em todos os

atos de minha vida e creio dever a confissão da verdade: amo outro... Júlio.

Alfredo

O homem extraordinário que sacrificou fortuna, bem-estar, tudo por um princípio de solidariedade humana! E... é correspondida nesse afeto?

Laura

Sou; sei, sinto-o. Poderão tirar-me tudo, menos essa certeza – é o meu galhardão na estrada do sacrifício.

Alfredo

Pois bem, amo-a imensamente, deve sabê-lo, deve ter lido no meu semblante; mas acima da paixão está o sentimento de justiça, está a nobreza d'alma. Para conquistar a maior soma de felicidade possível, é mister ser-se forte, isto é: ter energia para combater o mal, e semear o bem. Laura, está livre de qualquer compromisso para comigo e livres prosseguiremos os dois através da vida, sem a nuvem que ameaçava a nossa existência.

Laura

Não vê que estou predestinada à fogueira ateada pela ganância e um orgulho idiota?

Alfredo

Sofrerei por isto, mas lisonjear-me-á a lembrança de não haver concorrido para o seu martírio. É preciso encouraçar a alma! os primeiros semeadores encontram o campo agro, cheio de cardos e ai deles se lhes fenece a coragem: tombam arrastando outros na queda. Tudo está acabado entre nós. O passional sonhador desapareceu da arena, restando apenas o companheiro, o operário da sociedade futura.

Laura

Tem razão! Quando um apóstolo, como Júlio, se despe das regalias que o mundo lhe dá para trabalhar em prol do bem-estar social, devemos segui-lo mesmo antevendo o martírio.

Alfredo

Corro a auxiliar os camaradas que lá estão irrigando os campos para a nova messe e vou com o coração mais tranquilo pelo dever cumprido.

Cena III

Laura *e* Coronel

Coronel

Estavam em idílio. Ora muito bem, filha, se o compadre não encontrar embaraço no andamento dos papéis, essa ânsia tão natural da mocidade poderá ser satisfeita ainda esta semana.

Laura

É inútil, Sr. Coronel; Alfredo desistiu do antigo intento.

Coronel

Mas que vento de loucura passou aqui e transtornou todas as cabeças ao ponto de se renegar hoje o que se almejava ontem? Ele não renunciaria a um anelo íntimo se não surdisse um poderoso obstáculo.

LAURA
Estava disposta ao máximo sacrifício para o bem de um maior número... era uma energia máscula que bem poucos compreendem! Mas odeio a hipocrisia e a mentira com que se adornam as elites e, interrogada por Alfredo, confessei amar um outro com todo o meu ser. Reto e bom, ele colocou a justiça acima de uma paixão efêmera.

CORONEL
Muito bem! Podemos saber, então, quem é esse outro e como não tem a veleidade decerto de aspirar ao imperador da China, como o predileto deve ser do nosso meio, fácil será a mudança de noivo.

LAURA
Perdão, não aspiro a nada e esse amor oculto no peito me alimenta como a seiva à planta.

CORONEL
Será como diz; mas não me convém conservá-la solteira na fazenda por motivos que me tocam de perto.

LAURA
Ainda não lhe fui mendigar algo nem meu pai, que recebe um salário em troca de serviços prestados, lhe delegou poderes para dispor do meu futuro. Sou livre, sempre que a minha liberdade não lese o direito natural de outro.

Coronel

Ora, eis aí a consequência de uma mulher letrada! Se fosses uma camponesa analfabeta como as tuas companheiras, seguirias as ordens de teu pai, que visam a tua felicidade, sem tiradas dramáticas. Vejo bem o teu alvo, minha sabichona, e é precisamente porque o vejo que me esforço pelo teu consórcio.

Laura

Sr. Coronel, pobre, subalterna, embora por um acaso de fortuna, não lhe assiste o direito de me insultar; é covarde essa arrogância em face de um ser que julgamos frágil.

Coronel

É que toquei no ponto vulnerável. Conheço os teus amores, teu papel de serpente sedutora coleando-se entre o embuste e a aparência de saber, para empolgar a vítima almejada. Todas as inovações deparadas aqui, esses projetos de equidade, de solidariedade humana, todas essas reformas são filhas de uma paixão réproba, bem sei: como não podias subir, para igualar-te, ele desce a ti.

Laura

O que vem de dizer é torpe, é infame, e somente um cérebro imbuído de erros, que tem tornado a humanidade infeliz, poderia conceber um plano ambicioso em criaturas que não se vendem, almejando apenas o direito à vida para os esbulhados por vós. Mas as suas palavras não me farão recuar na ascensão libertária, porque me sinto forte para desprezá-las como desprezo esse ouro esbulhado ao mísero proletário. (*sai*)

Cena IV

Coronel *e logo* João Lima

Coronel
Que acabo de ouvir dessa mísera que vi crescer e me considerou sempre como um ente superior? Há algo de desconhecido após a grande catástrofe mundial e sinto o monstro da revolução a planejar sinistro sobre as nossas cabeças.

Lima
(*entrando*)
Cá estou de volta, *seu* compadre. Demorei um pouco, mas vem tudo arrumado de vez. O Domingos relutou a princípio por causa dos proclamas, mas cheguei-lhe um pouco de unto nas molas, uma pelega de cinquenta, e o cabra amaciou que foi um gosto. O Juiz de Paz, também, quis fazer fosquinhas; não estive para meias medidas: contei-lhe bem alto quanto nos custou a sua eleição em primeiro lugar, falei-lhe em serviços futuros e tudo se aplanou com a ajuda de Deus. O nosso vigário foi bem razoável e pronto. E o Lulu, ainda atrás das capivaras? Aquele menino... Mas o compadre não diz nada, está distraído, há ainda alguma nova má?

Coronel
Todo o seu trabalho foi perdido: Alfredo desistiu do consórcio.

Lima
Roeu a corda, pra encurtar razão; mas nós o obrigaremos, a nós é que o negócio interessa. Temos di-

nheiro, Deus louvado, temos gente, bota-se o bicho no tronco, de pé e mão, uns três dias a fio, a angu e água e o cabra fica macio como pelo de lontra.

CORONEL
Laura revolta-se, também, chegando mesmo a me dirigir frases insultuosas.

LIMA
Por que não lhe meteu o pau? *Vamencê* já se vai esquecendo da cartilha antiga, e por isto, tudo vai por água abaixo. Pra que serve o dinheiro? Para um caso destes: tirar melaço na cabeça do cabra e livrar-se do crime.

CORONEL
Tratava-se de uma senhora...

LIMA
Qual senhora e qual nada: filha do feitor; neta da Maria Joaquina, uma escrava lá da fazenda, em quem muitas vezes cheguei a vara ao lombo.

CORONEL
Os tempos e os homens já não são os mesmos: um tufão de inovações vai varrendo os costumes de antanho e implantando uma moral nova... Ai de mim! Sinto um quebrantamento estranho e desejo de recuar quiçá.

LIMA
Pois eu não! O nosso interesse está na liça; se recuar, eu e o Lulu prosseguiremos: aquilo é cabra

bom na pontaria. Prende-se o Alfredo no tronco, para isto sou autoridade e faço-o todos os dias com os trabalhadores que saem fora dos eixos.

Coronel
Mas sob que pretexto uma tal violência?

Lima
Sob qualquer! O mestre anda a pregar doutrinas de maluco, a desorganizar o trabalho; testemunhas não faltarão desde que haja unto, pra encurtar razão.

Coronel
Tudo baldado: Laura não cederá.

Lima
Que o Roberto a obrigue à força de relho e se esse argumento não servir, *seu* compadre, desterramos o feitor, a filha, a camaradagem, tudo, porque a má semente já vai prosperando.

Cena V

Os mesmos, Roberto *e* Lulu

Lulu
Bênção de Deus, pai.

Lima
Onde estavas? A bater no duro com os outros imitando o idiota de teu tio, como se fosses um pobretão, hein?

ROBERTO
Estava pescando, Sr. Lima.

LULU
E peguei uma traíra deste tamanho: um arraso.

LIMA
Está muito bem, enquanto for capivara e peixe; o que não quero é te ver entre a canalha.

LULU
Eu *tava* sozinho, nhô pai, bispando a bicha; quando ela ferrou, chamei a vara e dei uma fisgada assim. (*bate-lhe no rosto*)

LIMA
Toma sentido! Vai fisgar o nariz da tua avó torta.

CORONEL
Já sabes da última resolução de Laura?

ROBERTO
Estava lá embaixo ajudando na irrigação do arrozal, quando o mestre me comunicou a sua desistência sob alegação de Laura não o amar. No meu tempo não havia dessas histórias de amor cá para os pobres, quando os patrões davam uma ordem.

CORONEL
Nem para os ricos: encaravam-se as conveniências, um bom partido era tudo.

LULU
Decerto: Cristo, e isto? (*gesto de dinheiro*) é o que vale!

Lima

Se todos pensassem como tu; não é por ser meu filho, mas este dá homem. Quando aparece algum animal estranho nos pastos lá da fazenda, vai pro quarto fechado até que morra à fome e sede ou o dono venha buscá-lo!

Lulu

E, quando percebo que é gado extraviado, boto o nosso ferro nele.

Lima

Psiu! estas coisas não se dizem, pequeno. Mas voltando à vaca fria, pra encurtar razão, que vamos fazer agora?

Coronel

Mas eu é que não estou por isto. Já to disse e repito-o ainda: é de urgente necessidade para sossego de todos que tua filha se case. No pé em que vão as coisas, caminhamos para a derrocada, se Júlio permanecer na fazenda, se não encontrar uma esposa rica igual a ele, que o demova dessas ideias loucas com que o envenenaram no velho mundo. Essa paixão insensata por Laura mais o enraizou no seu sonho igualitário.

Lima

Vejam que vergonha para a família: uma neta de Maria Joaquina em quem cheguei muitas vezes a vara.

Roberto

Basta, Sr. Lima! Não é bom revolver cinzas... Pode acordar o braseiro.

Coronel
Tens razão. Roberto conhece o seu lugar e saberá chamar a filha à ordem.

Roberto
Mas se o noivo desistiu...

Lima
Deixa o cabra por minha conta: três dias de tronco, a pés e mãos, a angu e água.

Roberto
Não posso empregar tal argumento com minha filha.

Coronel
Mas deves fazê-la sentir o que há de absurdo na pretensão dela e de insânia nas doutrinas de Júlio. Pois era possível derrocar preconceitos vindos de uma antiguidade remota, destruir costumes representando a longa história da humanidade? Eu apelo para ti, Roberto, um trabalhador como os outros: podes admitir a hipótese dos ricos trabalharem com os pobres, de cada um despender os produtos vitais à existência, não segundo o mérito, mas de acordo com a necessidade? Era a morte do pauperrismo, o nivelamento geral, o fim do mundo.

Lima
Seria melhor que um cometa desse uma umbigada na Terra e a arremessasse de pernas pro ar.

Lulu
S. Jerônimo e Santa Bárbara, *nhô* pai!

CORONEL
Fará Laura compreender estas verdades e, se os nossos esforços forem baldados, como não devo conservar aqui um pomo de discórdia, desterrar-vos-ei.

ROBERTO
Seria preferível, talvez! Quando se é forte e trabalhador, ganha-se sempre a vida, Sr. Coronel, e de vez que para o pobre a injustiça impera por toda a parte, pouco importa o sofrimento aqui ou além. Todavia vou conversar com ela.

LIMA
Toma conselho com o travesseiro, meu velho, quem me avisa meu amigo é, e, pra encurtar razão, com teu amo não jogue as peras. Anda daí, Lulu, vamos reunir a nossa brigada de bate-pau, porque temos encrenca. (*saem*)

Cena VI

ROBERTO *e logo* JÚLIO

ROBERTO
Não posso compreender essa teia de aranha. Sinto que a razão do mundo está com eles; mas justiça é que não.

JÚLIO
Estás pensativo e cabisbaixo.

ROBERTO
Por sua causa andamos de Herodes para Pilatos.

JÚLIO
Mas que fiz eu? O meu constante sonho, como sabes, tem sido melhorar a sorte dos relegados sociais. Nos campos de concentração da Rússia se fez em meu cérebro a luz que fagulhara apenas nas trincheiras: senti a grande injustiça que é a ditadura do dinheiro, esse demônio moderno; conheci como a ignorância de um povo pode concorrer para a tirania mesmo dos bem-intencionados como Lênin; reconheci a necessidade, em vez da repressão brutal, que cria mártires e faz fanáticos, de uma discussão desapaixonada, de uma educação preliminar e prática, preparando os espíritos para a realidade que virá após a miragem de hoje. Para tal fim procurei destruir as barreiras de classe, de fortuna, indo ao encontro do proletário, auxiliando-o no direito de conquista à existência e ao gozo.

ROBERTO
Mas não via que isso era a revolução?

JÚLIO
Via que era o bem e nada mais! As modificações introduzidas no regime agrícola melhoraram as condições de todos e o agrotrabalho da lavoura, uma pena outrora, transformou-se quase em brinco. A produção aumentou-se ao impulso das máquinas, da cultura intensiva e, para completar o progresso da colônia, florescendo apesar da guerra tenaz, conto criar aqui as indústrias mais necessárias à vida: conquistaremos assim o sonho do homem livre na terra livre.

ROBERTO

E querem por isso comer a gente viva. Ainda há pouco me ameaçaram de expulsão se eu não conseguir reavivar o consórcio de Laura e do mestre-escola, como se eu pudesse obrigá-los a uma coisa que repugna a ambos.

JÚLIO

Então o projetado casamento...

ROBERTO

Deu em água de barrela. Desistiram ambos ao mesmo tempo.

JÚLIO

E meu pai quer obrigá-los? Por que tal insistência?

ROBERTO

Diz ser necessário ao seu descanso esse matrimônio. Acusam o pobre Alfredo de haver lançado a má semente entre os lavradores, quando não é mais que um adepto.

JÚLIO

Sim, sou eu o mau pastor, o semeador de tempestade. Não me eximo do sacrifício, embora não ambicione glória: a responsabilidade das reformas deve recair sobre a minha cabeça. Pagarei com vida, se preciso for, pela audácia de ter batido com o pé em terra como protesto contra a injustiça social, permitindo que uns morram apopléticos de riqueza, enquanto outros sucumbem à míngua. E não sei realmente como os ricos podem repousar tranquilos sabendo que, enquanto nadam na opulência, há míseros que não têm onde recostar a cabeça e tiritam gélidos açoitados pela tempestade e pela fome.

ROBERTO

Mas é a ordem natural das coisas... Já está tudo estabelecido assim e, para melhorar o mundo, é necessária a instrução.

JÚLIO

Basta a ideia da justiça; façamos aos outros o que desejamos que nos façam; executar somente trabalhos que se prendem à perfectibilidade das espécies; nivelar todos os homens na harmonia pela existência, eliminando os monstros dos bordéis e das tavernas, todas as parasitas, enfim, vivendo à custa do produtor. É isto o que chamam a má semente, que eu tento implantar: a igualdade no direito, a nobilitação do trabalho, a morte do lenocínio, do roubo, da guerra, do parasitismo afinal.

ROBERTO

É verdade, talvez, mas nós que o ouvimos somos os perseguidos, somos os culpados e querem que empreguemos a força em casos de coração.

JÚLIO

Porque visam no matrimônio a concentração das fortunas e dos privilégios, sem curarem da perfeição da espécie. Se o Lima não fosse um argentário, minha irmã o desposaria? Estaria o seu lar cheio de míseros opulentos que se estiolam à míngua de seiva? A mola real da sociedade moderna é o dinheiro, como se ele fosse capaz de constituir felicidade. É o castelo que meu pai fantasiou para mim com uma aliança rica, mas que deprezo por um ideal mais elevado.

Roberto
Queira Deus que não desespere o Coronel, levando-o a cometer violências.

Júlio
Meu pai, bem que autoritário, é inteligente, e bom e compreenderia o meu sonho de equidade; se não aplaudisse todas as reformas, fecharia os olhos vendo que eu não me havia iludido; mas como sombra implacável tem aquela alma execranda de meu tio, com um conservatismo ferrenho, anatematizando o progresssso, querendo obrigar a humanidade a permanecer estacionária, como se na natureza tudo não evoluísse para a perfeição.

Cena VII

Os mesmos, Alfredo *e* Lavradores

Alfredo
Venho a correr. O Sr. Lima, com alguns celerados, ameaça a minha liberdade com o antigo tronco de escravos. É uma nova infâmia. A violência é sempre condenável, mas, que devemos fazer num caso tal?

Júlio
Repelir o despotismo que fere o direito à livre existência. Unamo-nos todos, camaradas, formando uma muralha contra a onda invasora.

ROBERTO
Seria de mais prudência que o mestre desposasse Laura, que o Sr. Júlio fosse à cata de dote lá na capital e voltaria tudo ao que era dantes.

JÚLIO
E a injustiça continuaria a planejar aí, o esbulho do produtor prosseguiria na mesma sanha e todo esse início tão belo e tão promissor de solidariedade humana permaneceria para sempre sepulto na voragem da ambição... Não quero essa mulher que não amo e nem me submeto a mentiras sociais. Dei o primeiro passo e hei de ascender à montanha destruindo as barricadas, ou tombando morto.

ALFREDO
Ter-nos-á a seu lado na estrada da redenção.

Cena VIII

Os mesmos, LIMA, LULU *e camaradas*

LIMA
Cá está o meco! Corda no bicho e tronco com ele, rapaziada. Levem-no amarrado como um porco, pra respeitar as coisas sagradas.

JÚLIO
Não sei a quem se refere, meu tio, nem o que entende por coisas sagradas. Aqui estão homens, mais humanos do que o senhor, respeitando a liberdade dos outros, para que respeitem a deles.

LIMA
Felizmente não rezamos pela mesma cartilha, senhor meu cunhado. Esse biltre anda a pregar por aí a igualdade entre os homens e o comunismo dos bens.

LULU
Teve o atrevimento de me chamar pro eito.

JÚLIO
Entretanto, meu tio, Platão, que não conhece, o Cristo, que julga venerar, pregaram a mesma coisa. Acha justo que uns trabalhem, produzam, com imensa pena, enquanto outros que nada fazem usufruam o fruto do alheio trabalho? E porque um homem é mais escuro, menos favorecido pelo acaso de nascimento, atrofiado pela natureza, não tem, então, o mesmo direito à vida que um outro acumulado de dotes?

LIMA
De vez que não são iguais...

JÚLIO
Não são iguais, porque trajam as mesmas vestes, tenham o mesmo físico e comam os mesmos acecipes, mas sim no dever do trabalho, no direito à justiça, que é a solidariedade transformando a espécie humana numa família imensa.

ALFREDO
Para reerguer os relegados sociais, adquirir o bem-estar para todos, sacrificaremos a própria vida.

LIMA
Bico, atrevidaço! Camaradas, corda no marreco.

JÚLIO
Afastem-se! Com que direito querem prendê-lo?

LIMA
Com o de autoridade e de mais forte.

ALFREDO
Qual é o meu crime?

LIMA
Isto será esclarecido depois. Vamos, rapazes, senão irão vocês pro tronco. (*eles avançam*)

JÚLIO
Para trás, já disse!

LIMA
Cobardes! Prendam o maroto!

JÚLIO
(*fazendo-lhes frente com o revólver*)
O primeiro que avançar um passo, morre como um cão.

LULU
Com arma de fogo não se brinca, nhô pai.

Cena IX

Os mesmos, Coronel *e* Laura

Coronel
Júlio! Estás louco, meu filho?!

Júlio
É violência contra violência! Vós tendes a força da lei com um caudal de esbirros; nós temos a força da justiça que nos manda viver e ser livres.

Alfredo
E tudo arriscaremos em prol desse direito.

Roberto
Qual o nosso crime, afinal?

Todos
Sim, qual é?

Coronel
Cultivaram as minhas terras e lançaram mãos criminosas em seus produtos.

Alfredo
Mas era o nosso próprio trabalho.

Todos
Sem dúvida.

Coronel
Seja, não quero polêmicas. A minha última e irrevogável vontade é: Laura desposar Alfredo, os tra-

balhadores voltarão ao salariado e às 12 horas de trabalho, ou sereis despedidos e o mestre preso como chefe de sediciosos.

Alfredo
Não podemos obedecer aos seus caprichos.

Laura
Seremos livres no seio de uma humanidade escrava.

Todos
Sim! Sim!

Lima
Nada de meias medidas, compadre: rua com eles e tronco no marreco.

Lulu
Xilindró neles, vovô.

Roberto
Isso é o que veremos: a mim também, já vai subindo a mostarda.

Coronel
Quê! Todos se revoltam? Estão despedidos.

Júlio
Meu pai!

Coronel
Não há apelo: saiam todos e poderás acompanhá-los, se te apraz.

LIMA
Bravo, compadre!

LULU
Isso, vovô!

JÚLIO
O ódio e a violência, meu pai, dão maus frutos e produzem cegueira interceptando mesmo as verdades luminosas. Ninguém sairá daqui, lho afirmo.

CORONEL
Tenho soldados para executarem as minhas ordens.

ALFREDO
Temos coragem para resistir aos vossos esbirros.

CORONEL
Vencerão pela violência.

JÚLIO
Morto, embora, permaneceremos aqui. Sou maior! Estas terras e a fazenda, que são de todos, porque são minhas, tocaram-me em herança materna: poderá ficar, partilhar conosco o fruto do labor comum.

LULU
E esta agora, nhô pai!

CORONEL
Tens razão! Mas eu não posso permanecer aqui porque a tua reformadora loucura é um crime. Ficarás maldito de teu pai, esquecido de teus irmãos.

JÚLIO
Quem é meu pai e quais são meus irmãos? A minha família se compõe dos que me seguem na sublime tarefa em prol da perfectibilidade humana.

LAURA
Somos todos nós.

CORONEL
Excelente doutrina a vossa: desorganizastes o trabalho, destruístes a autoridade, matastes o capital, e chamais a isto perfeição!

LULU
Desrespeitaram as ordens de nhô pai.

LIMA
Uma autoridade, um chefe político desacatado pela perrada. Mau pastor é que tu és.

JÚLIO
Sou o mau pastor, o semeador da tempestade, seja! Eu não vim trazer a paz entre vós, porque para trazê-la era mister que eu pregasse a guerra e a hipocrisia; fazendo na vossa sociedade a prostituição do pobre e o adultério do rico; era preciso tolerar o esbulho de uma classe, morrendo de miséria e de trabalho, para fornecer a opulência e o luxo a uma outra classe que se estiola nas orgias e no ócio. Eu combato a caserna, o alcoice e a taverna, simbolizando a autoridade, a mentira e o capital.

CORONEL
Tirarás bom fruto dessa má semente.

Júlio
Sim; nós espalharemos pela terra a má semente que produz o amor, a solidariedade humana, a nobilitação do trabalho, a morte da prostituição, do servilismo e da miséria, enquanto vós difundis a boa semente do esbulho, da divisão de classes, da hipocrisia, da guerra e do lenocínio. Camaradas, são dois caminhos que se abrem ante vós: um leva ao salariado ou à escravidão; o outro conduz ao comunismo, que é a liberdade! Qual dos dois quereis seguir?

Todos
Permaneceremos convosco.

Alfredo
Bem vê, o gérmen abriu-se em promissora messe e a crisálida transformou-se e voa em busca de nova luz, através do futuro.

Laura
É a primeira célula! Outras surdirão depois, formando de toda a terra uma pátria comum.

Coronel
Se eles tivessem razão...

Lima
Era o fim do mundo!

Laura
É a realização de um paraíso que o homem há de conquistar à força de trabalho e à força de saber.

Lulu
Vamos embora, nhô pai.

Lima
Partamos, compadre, o nosso lugar não é aqui, entre loucos.

Coronel
Quem sabe? (*olha Júlio, titubeia e parte*)

Júlio
É a noite que desaparece, é o passado que se amedronta; deixá-los. Na âmbula do oriente surde a aurora de um novo dia e os primeiros homens livres podem respirar desafogados sobre a terra livre – a mãe comum.

FIM

Marino Spagnolo

A BANDEIRA PROLETÁRIA

Drama em três atos

"A bandeira proletária" foi representada a primeira vez em 28 de outubro de 1922 no Salão das Classes Laboriosas, sob a direção de Elias de Magalhães. Ponto: J. Costa. Aderecista: Salvador Tamburelli.

À MULHER IDEALISTA

Assim como te vi fitando as trevas
Altivo o teu sorrir mostrou-se império.
Da luz do teu saber que tanto elevas
Na escuridão da noite, do mistério.

Assim eu quero ver-te eternamente,
Simbólico ideal tão puro e santo;
Como feixes de luz que vêm d'Oriente
Destruindo da terra o negro manto.

Oh! lindo amanhecer que se descerra,
Grandiosa redenção de novo lar!
Amor fraterno reine sobre a terra,
E sinta um povo, e sinta, e saiba amar.

O AUTOR

PERSONAGENS

PAULO DORVAN, *operário*
FERNANDES, *agiota*
ROSA, *lavadeira*
LOURENÇO
MÁRIO
ALBERTO
CHIQUINHO
ANDRÉ, *taverneiro*
PEDRINHO, *criado*
ANTÔNIO
GERTRUDES

Ação
São Paulo – Atualidade.

PRIMEIRO ATO

(*A cena representa um quarto pobre de operário. À esquerda pequena biblioteca, uma cama, mesinha e duas cadeiras, mala de roupas etc. – Janela à direita e porta ao fundo.*)

Cena I

PAULO *e* MÁRIO
(*ao levantar o pano, Paulo, sentado à mesinha, escreve enquanto um violino executa "Una furtiva lacrima". Um tempo. Fica um instante pensativo*)

MÁRIO
(*entrando*)
Bom dia, Paulo.

PAULO
Bom dia. Como vais, Mário?

MÁRIO
Então? Que fazes? Sempre retirado neste quarto. Parece-me que queres evitar os teus amigos; somente apareces nas reuniões operárias.

PAULO
Não, não quero evitá-los, mas apraz-me rabiscar tolice.

MÁRIO
Fazes mal, porque podias empregar esse tempo em coisas úteis.

PAULO
Falas muito bem, mas para produzir coisas úteis é necessário ter preparo, meios e tempo, coisas que nós operários não possuímos. Isso é privilégio dos eleitos e, portanto, nós outros devemos escrever o que nos dita o coração. (*entrega os versos a Mário e passeia pelo quarto*)

MÁRIO
(*lendo*)
À margem de um rio eu te vi
que as águas que corriam contemplavas
risonha e distraída escrevestes
na areia – amor –
a sublime e santa palavra.

Feliz, te riu o amor aos quinze anos,
estavas no zênite de tua vida,
pobre iludida, então tu mal sabias
para o amor
que amarguras o homem cria!

Oh! Grande! Oh! Sublime Natureza!
Lei imutável que tudo encerra e cria!
És muda, porém, revelas a tua força
    ao homem
negro verme e vil da hipocrisia!

Ai de ti se um dia pronunciares
sim, àquele que te jura amor...
Comprada serás e nas garras da lei,
    perdida
escrava do metal que degenera!

(a Paulo)
Bravo, Paulo, bravo! Isto é sublime e artístico!

PAULO

Nada disso, Mário, é simplesmente a voz do coração.

MÁRIO
(recitando)
Escrava do metal que degenera! (*vendo Paulo triste*) Estás triste, Paulo?

PAULO

Que queres? Não é para menos... quem leva uma vida infame e detestável...

MÁRIO

Detestável? Oh! Afinal não é motivo para tanto. Infeliz do homem que encara seriamente as infâmias a que é obrigado a assistir de contínuo, nesta podridão social... Vamos dar uma volta por aí, vamos, que eu não quero ver-te assim.

PAULO

É bem contra a minha vontade mas… (*intencionalmente*) Mário, tu não deves comparar a tua vida com a minha. É outro o ambiente em que vives; tens pai e mãe que cuidam de tua existência que tantas vezes invejo.

MÁRIO

É verdade, Paulo.

PAULO

Eu sou sozinho. Meu pai morreu na guerra e deixou-me com a idade de dez anos. Minha mãe, pobre infeliz, que tanto me amava, finou-se de desgosto pouco tempo depois. Fiquei só, sozinho nesta sociedade de preconceitos. Seguiram-se depois as necessidades em que vivo labutando.

MÁRIO

Como nós todos.

PAULO

Mas eu lutei e luto ainda… Bem sabes ao que nos leva o dever de homem. E depois a natureza…

MÁRIO

Eis o ponto. Casar-se, não é assim? Constituir uma família para a ilusão da verdadeira felicidade; ter filhinhos, companheira, enfim, ter alguém com quem partilhar as alegrias ou as dores futuras. É um lenitivo, é… enfim, uma ideia que duvido vê-la realizada.

PAULO
Duvidas?

MÁRIO
Duvido! É impossível haver homens felizes numa sociedade em que impera o dinheiro.

PAULO
Mas não é dinheiro que faz a felicidade!

MÁRIO
Naturalmente, desde que é causa de desgraça... Ouve, Paulo, estimo-te muito para que falte com o meu dever de amigo, mas uma coisa digo-te eu: não realizarás o teu intento.

PAULO
O meu intento? Eu quero mudar de vida, porque a que tenho é estúpida demais. Não tenho um divertimento e bem sabes que detesto o jogo e os viciados a que a ele se entregam.

MÁRIO
(*pensativo*)
O jogo arrasta ao crime...

(*Ouvem-se passos.*)

PAULO
E as vítimas se contam às centenas.

Cena II

PAULO, MÁRIO e ALBERTO

ALBERTO
(*entra cansado e dirigindo-se a Mário*)
Mário... vá... sem demora ao botequim do André... Há uma discussão entre Pedro e Antônio. Pelo que vi, mostra ter maus resultados.

MÁRIO
Discussão? E por quê?

ALBERTO
Ora, por quê? O maldito viciozinho do sete-e-meio.

MÁRIO
Dá-me licença, Paulo, que eu já volto.

PAULO
Olha, não vás questionar com essa gente; é perigosa quando está alcoolizada.

MÁRIO
Devo então deixar que se matem? (*sai*)

Cena III

Os mesmos menos MÁRIO

PAULO
Quantas tentações, Alberto, quantos horrores, para a corrupção da Humanidade! E a síntese destas

misérias todas é a vil moeda que domina!... Dominará também aquela por quem eu vivo? Oh! não, não! A minha companheira não será arrastada por essa horrenda engrenagem.

ALBERTO
Paulo, o meu desejo é ver o teu sonho realizado o mais breve possível. Até logo.

PAULO
Até logo. (*Alberto sai*)

Cena IV

PAULO *e depois* ROSA

PAULO
(*fica um momento absorto. Longa pausa. Depois de um tempo, vai sentar-se à mesa mostrando-se pensativo*)

ROSA
(*entrando com uma trouxa de roupas*)
Paulo, meu querido, Paulo. Bom dia.

PAULO
Oh! És tu, minha querida Rosa? Aonde vais?

ROSA
Vou entregar esta roupa ao senhor Fernandes. Preciso de receber algum dinheiro para dona Gertrudes que o deseja.

Paulo
Também tens uma vida bem triste, mas confia em mim que em breve seremos felizes.

Rosa
Sim, Paulo, confio muito em ti, porque somente tu poderás me livrar de uma vida de misérias e de humilhações.

Paulo
Por isso hei de desafiar o impossível!

Rosa
Essa velha Gertrudes... Depois que eu aceitei o teu pedido de casamento, nada mais faz que maltratar-me. Às vezes tenho até vontade de...

Paulo
Não, minha querida, não. O que é preciso é ter muito cuidado com essa velha viciada, porque ela é capaz de tudo. Ah! mas pouco tempo lhe resta para maltratar-te; dentro em pouco estaremos unidos.

Rosa
Creio em ti, Paulo... Agora posso ir, já te vi.

Paulo
(*carinhoso*)
E voltarás?

Rosa
Sim, voltarei ainda. Adeus.

PAULO
Adeus, Rosa. (*fica um instante em êxtase observando a saída de Rosa como quem acompanha os passos; depois de longa pausa volta-se para a plateia, aflorando-lhe nos lábios um pequeno sorriso. Depois, vai até a mesa e observa os papéis. Paulo levanta o olhar e senta-se satisfeito para tornar a escrever*)

Cena V

PAULO *e* FERNANDES

FERNANDES
(*entra corretamente trajado fumando charuto*)
Bom dia, Paulo. Como vais com a tua conquista?

PAULO
Oh! Sr. Fernandes!

FERNANDES
(*pousando o chapéu sobre a mala*)
Que admiração a tua, Paulo.

PAULO
Realmente não deveria haver admiração, mas a sua franqueza em entrar no quarto de um operário sem pedir licença... não é ação de pessoa finamente educada. Depois o seu insulto...

FERNANDES
Insulto?... Não sei em que te pude insultar. Para mim os conquistadores são homens cultos que triun-

fam e tu, Paulo, és um desses felizes mortais. Consegues tudo sem esforço, ao que parece.

PAULO
Sr. Fernandes, não era necessário vir aqui para dizer-me isso como quem dá um título. Demais o momento é impróprio para coisas dessa natureza.

FERNANDES
Muito próprio, Paulo, porque sempre disponho de muito tempo para tecer encômios aos amigos que vencem. E foste feliz na escolha porque Rosa é a mais formosa rapariga do bairro. Dou-te os parabéns.

PAULO
Sr. Fernandes, sou um operário modesto, e como tal me orgulho. Se eu pertencesse à classe dos privilegiados como o senhor, talvez pudesse compreender o seu pensamento. Mas, felizmente, não. O que tenho a responder-lhe é que em breve me casarei com Rosa, sem os seus parabéns, ou com eles mesmo.

FERNANDES
(*mostrando-se nervoso*)
Cautela com essas saídas, rapaz. Creio que não sabes com quem estás falando. Não alteres comigo.

PAULO
Absolutamente. Agora estou calmo e posso dizer o que sinto. Sei que é bastante orgulhoso e jamais se dignou cumprimentar-me, o que também não procurei fazer. Agora admira-me o seu interesse em rela-

ção ao meu casamento com Rosa. Os seus parabéns... a um operário que se casa com uma lavadeira, parece que ocultam más intenções.

FERNANDES
(*faz um gesto de contrariedade sem que Paulo perceba*)

PAULO
Não responde, Sr. Fernandes?

FERNANDES
(*com outro tom*)
Más intenções, não, Paulo, longe de mim tais ideias. Porém, Rosa é quase uma menina a quem dispenso a mais desinteressada proteção. É órfã e desejo conhecer os passos que dá.

PAULO
Demasiada franqueza a sua, Sr. Fernandes; estou habituado a ver que há homens que têm grande facilidade em afivelar no rosto a máscara de moralista para conseguir os seus intentos. Mas desta vez creio que me enganei.

FERNANDES
Desta vez te enganaste, rapaz, eu sou homem de probidade reconhecida e não seria capaz de... Oh! enganas-te porque o que dizes faz supor em mim um delinquente, e a educação que recebi no colégio é um atestado de que ninguém pode pôr em dúvida a minha moral.

PAULO
Se me não engano do colégio dos jesuítas romanos.

FERNANDES
Sim, dos servos de Deus, desses meigos e santos homens.

PAULO
Desses que dizem adorar o Divino.

FERNANDES
Que dizem, não, Paulo, mas que o adoram com toda a devoção de verdadeiros cristãos.

PAULO
(*com riso irônico*)
Sr. Fernandes, para o meu modo de ver, quem adora divindades, nega a própria individualidade. Demais esses atestados nada me dizem. Todo o homem que tem certeza da existência de um Deus não deve se humilhar nem adorar a ninguém, mas se orgulhar de ser uma parcela da grande natureza. (*com altivez*) Portanto, delinquente não, Sr. Fernandes, mas...

FERNANDES
Mas o quê?

PAULO
Mas não faltam delinquentes nesta sociedade corrompida. Os crimes se repetem com a máxima indiferença, os homens se chafurdam na mais indigna

promiscuidade, repetindo-se a comédia com alternativas de farsas e tragédias. Tal é a síntese e compreensão dos homens de certa posição.

FERNANDES
Mas a que pró vem isto?

PAULO
Isto é um desenvolvimento de minha ideia, com o que quero dizer que, se os legisladores tivessem consciência e se aproximassem da razão, perderiam um grande emprego e se envergonhariam de o ter ocupado um dia. Os outros fatalmente teriam de ler pela mesma cartilha.

FERNANDES
Lá isso... mas, como se diz, cada louco com a sua mania.

PAULO
Perfeitamente. Digo isso porque agora com essas suas palavras compreendi as suas ideias de há pouco.

FERNANDES
Não vejo o motivo.

PAULO
Eu direi ao senhor. A própria justiça é a causa única dos homens sentarem-se no banco dos réus. Chama-se a isso civilização. Não sei por quê.

FERNANDES
Raciocinas?

Paulo

A meu modo, sim. Agora, para ser mais conciso, digo-lhe que percebo os seus propósitos apesar de partirem de um moralista. Entretanto cientifico ao senhor que há indignidade em todos eles, porque o seu poder não me assusta e nem o seu ouro me compra!

Fernandes

Desprezo o insulto vilão que me lançaste neste momento, mas lembra-te, rapaz, que hás de pagar bem caro tanta insolência!...

Paulo

Já o disse e repito ainda, não me assustam suas ameaças nem o tempo em que pretende pô-las em prática. Tem o senhor a dizer-me mais alguma coisa?

Fernandes
(*pega o chapéu e a bengala*)

Não.

Paulo

Qual era então o motivo de sua visita, veio dar-me o título de conquistador, ou parabéns? Se foi isso, agradeço-lhe muito. São coisas de pessoas de baixo conceito.

Fernandes

Mas, rapaz...

Paulo
(*com um gesto enérgico*)

Rua!

(Fernandes vai a sair com movimentos graves e, à porta, dá de encontro com Chiquinho que entra apressado. Cai-lhe o chapéu da mão.)

Cena VI

Os mesmos e CHIQUINHO

CHIQUINHO
(à parte)
Topei na porunga do homem. (*a Fernandes*) Desculpe, senhor, mas não tinha visto.

FERNANDES
(apanhando o chapéu)
Está desculpado.

CHIQUINHO
(fingindo agachar-se)
Deixe, deixe, Sr. Fernandes, que eu o apanho.

FERNANDES
(a Paulo, saindo)
Até breve, rapaz.

PAULO
Às suas ordens.

Cena VII

PAULO *e* CHIQUINHO

CHIQUINHO
Beócio.

Paulo

Ah! Ah! Ah!... Sempre és muito espirituoso. Aposto em como fizeste de propósito.

Chiquinho

Se o fiz, o diabo é que o meu plano fracassou. O que eu queria era que ele me respondesse. Foi ladino o beócio e raspou-se sem mais. Queria dar-lhe uma lição com fatos e não com palavras como fizeste tu.

Paulo

Como fiz eu?

Chiquinho

Sim, porque eu ouvi tudo ali atrás da porta, onde me achava escondido.

Paulo

Então que tal o homem?

Chiquinho

Estupendo! Imagina que o segui de longe. Ele vinha atrás de Rosa e, quando a viu entrar aqui, torceu o nariz de raiva. Depois, esperou que ela saísse para vir falar contigo. Ouve, Paulo, cuidado com ele e com a velha, cuidado e muito cuidado.

Paulo

Mas sabes alguma coisa a respeito?

Chiquinho

Pouco sei, porém é o bastante para que te ponhas em guarda contra uma provável surpresa.

PAULO
Que dizes, Chiquinho?

CHIQUINHO
Ouve, o Sr. Fernandes e a velha Gertrudes se entendem por meias palavras e o objeto disso, meu caro, outro não é senão Rosa.

PAULO
Sim?

CHIQUINHO
Diz-me, Paulo, gostas dessa menina?

PAULO
Sim, como se fosse minha irmã.

CHIQUINHO
E ela?

PAULO
Julgo pelo menos que me corresponda.

CHIQUINHO
Bem, aceita então o conselho de um maluco, como me chamam os moralistas, casa-te o mais breve possível que eles estourarão de raiva.

PAULO
Sim, é o que devo fazer e o farei.

CHIQUINHO
É o que precisas fazer sem perda de tempo.

PAULO
(*solenemente*)
Hei de fazê-lo.

Cena VIII

Os mesmos e ROSA
(*Rosa aparece à porta e, percebendo Chiquinho, fica um tanto acanhada. Chiquinho, percebendo-lhe o acanhamento, dirige-se-lhe sorrindo bondosamente*)

CHIQUINHO
Bom dia, Rosinha.

ROSA
Bom dia.

PAULO
(*voltando-se*)
Oh! Rosa, foste ligeira. (*tomando-lhe as mãos*) Entra sem receio, porque o meu companheiro Chiquinho já sabe da nossa projetada união. Será também o teu companheiro por ser já o meu.

CHIQUINHO
(*coçando a cabeça*)
Mas o diabo é que eu aqui não estou bem. (*faz menção de sair*)

PAULO
Aonde vais?

Chiquinho
Sair.

Rosa
Se é por minha causa, pode estar à vontade; aprecio muito os companheiros de Paulo.

Paulo
Quanto a mim já sabes.

Chiquinho
Mas é que... isso é o diabo, meus caros.

Paulo e Rosa
Ah!... Ah!... Ah!...

Paulo
(*a Rosa*)
Sabes? Ainda agora o nosso companheiro falava do Sr. Fernandes e da velha Gertrudes.

Chiquinho
Os vícios em pessoa.

Rosa
A dona Gertrudes não digo, mas o Sr. Fernandes é o que há de bom.

Paulo
Oh!

Chiquinho
(*ao mesmo tempo*)
Oh! não diga.

Rosa

Trata-me com tanta delicadeza e tem-me feito tantos favores desinteressadamente. É enfim um homem honesto e tem-me dado serviço com o produto do qual posso viver. Estimo-o muito por isso.

Paulo
(*espantado*)
Rosa! mas tu acreditas nesse homem?

Rosa
(*assustada*)
Mas...

Paulo
(*sacudindo-a*)
Responde!

Rosa
Creio!

Paulo
(*cambaleia e senta-se à mesa*)
Pobre ingênua! (*segue-se um silêncio. Paulo, sentado à mesa, tem a cabeça entre as mãos. Chiquinho tem os olhos baixos e olha de modo interrogativo para um e para outro. Ouve-se um tiro. Os três põem-se de pé como tocados por uma mola oculta*) Um tiro?

Chiquinho
E deve ser no botequim do André. (*sai correndo*)

PAULO
(*consigo*)
Será Mário?

ROSA
Que será isso, meu Deus? (*corre assustada à janela. A Paulo*) Há um grupo de gente... um ferido!

PAULO
(*indo à janela*)
Quem será o infeliz?

Cena IX

Os mesmos, ALBERTO *e* ANTÔNIO
(*Fora ouvem-se gritos de "Assassino!" "Assassino!" – grande confusão. Antônio entra sem ser observado e quer ocultar-se procurando dissimular o seu estado de embriaguez, mas não o consegue. Tropeçando numa cadeira, esta cai, então, Paulo e Rosa voltam-se atraídos pelo barulho. Vendo-se descoberto, Antônio assusta-se, empalidece, quer falar e não pode, tal é a agitação que o domina. Tem o revólver na mão mas cai-lhe por terra sem que ele perceba. Rosa abraça Paulo, assustada.*)

CHIQUINHO
(*entrando*)
Paulo! Mais uma vítima!

PAULO
Que dizem?

UMA VOZ
(*lá fora*)
Assassino! Assassino!

ALBERTO
A verdade! Pedro é um cadáver!

PAULO
Mas... (*olhando os dois, desprende-se dos braços de Rosa e dirige-se com o olhar fixo a Antônio. Alberto e Chiquinho que seguiram Paulo com o olhar, vendo Antônio, exclamam: – ei-lo*)

CHIQUINHO
Pobre infeliz!

PAULO
(*com um gesto faz sinal a Chiquinho que se cale e, em seguida, aproxima-se com olhar fixo a Antônio e diz-lhe:*)
Que fizeste?

ANTÔNIO
(*arregalando os olhos*)
Eu? Eu? eu não fiz nada!

PAULO
Nada? Pobre vítima!

POPULARES
(*invadindo a cena*)
Assassino! Assassino!

(*A esta acusação Antônio assusta-se e retrocede levando as mãos à cabeça, olha para os presentes com olhar desvairado e sai vagarosamente, cambaleando. A multidão abre alas.*)

(*Pano lento.*)

SEGUNDO ATO

(*A cena representa um botequim. Porta ao fundo. Janelas à direita, no intervalo das quais há mesinhas rodeadas de cadeiras. À esquerda, de viés, balcão, outra mesinha etc. É dia.*)

Cena I

ANDRÉ e PEDRINHO
(*ao levantar o pano, André deve estar à porta, muito agitado com um jornal na mão. Vem ao balcão e senta-se*)

ANDRÉ
Oh! Pedrinho, Pedrinho!

PEDRINHO
(*entrando à esquerda*)
Pronto.

ANDRÉ
Vá ver se os operários estão trabalhando hoje.

PEDRINHO
Sim, senhor. (*sai ao fundo*)

ANDRÉ
(*senta-se e lê o jornal fazendo gestos*)

PEDRINHO
(*entra ao fundo*)
O pessoal está todo parado.

ANDRÉ
Bem dizia eu; este pessoal parece estar ameaçando-me com alguma greve e o que eu não quero é ter prejuízo... o que faço é suspender imediatamente o fiado! Essas greves! essas greves!... Não sei onde querem chegar esses desalmados! Mas afinal que é que se pode esperar de gente operária?

PEDRINHO
(*que seguiu atentamente a conversa do patrão, sai da frente e com um gesto cômico cruza os braços*)
Patrão, estão todos parados assim desta forma. (*permanece assim por algum tempo*)

ANDRÉ
Isso é que é uma loucura. Onde se viu semelhante coisa? Ainda há pouco tempo acabaram com uma greve tão fraca que em lugar de lhes dar melhor situação ainda mais os arrochou.

PEDRINHO
É verdade, fracassou, mas isso devido à ignorância dos próprios operários. Imagine o senhor que...

ANDRÉ
Hein!? Olá! Também entendes do riscado...

PEDRINHO
Pois o senhor não vê que também sou proletário?

ANDRÉ
E também o fui eu, meu caro. Depois que me arranjei, mandei às favas o tal negócio de greves. Ora vê lá se eu... vai acabar o teu serviço, rapaz.

PEDRINHO
Sim, senhor. (*sai à esquerda*)

ANDRÉ
Este maroto também... que danado! Já pertence à tal corja. Por falar nisso, lembrei-me do Sr. Paulo. Bom rapaz, mas...

Cena II

ANDRÉ, CHIQUINHO, MÁRIO *e* ALBERTO

CHIQUINHO
(*entrando ao fundo*)
Bom dia, Sr. André, bom dia.

ANDRÉ
Bom dia. Façam o favor de se abancar.

CHIQUINHO
(*depois de se sentar com os companheiros*)
Sr. André, traga-nos café. Até rima em verso.

ANDRÉ
Mas que é isso, rapaziada? Temos alguma nova greve?

ALBERTO
Não, nós estamos de folga hoje e muito alegres, porque o nosso companheiro Paulo vai sair da cadeia depois de seis meses de reclusão. E, de mais a mais, hoje é o dia consagrado a nós operários. É o dia Primeiro de Maio.

ANDRÉ
Pois é assim. (*serve os três com mostras de alegria, após o que senta-se para ler o jornal*)

MÁRIO
Pois é assim mesmo. Imaginem que um homem que se sacrifica para melhorar as condições de uma classe tão desprestigiada como a nossa, e vejam que recompensa! Perseguições, insultos, desprezo, cadeia... (*meneando a cabeça*) e até desdém dos seus próprios companheiros.

ALBERTO
Mas isso não é de causar espanto porque está na lei das coisas. Se não fosse a ignorância da massa proletária, se ela fosse cônscia do direito que assiste ao povo e da grande força que advém das comunidades; se isto, enfim, fosse objeto do seu mais acura-

do estudo, aí, meu amigo, aí o boi sacudia o pescoço e arrojaria para longe a canga.

MÁRIO
Essa é a doutrina sã e perfeita... Como poderemos realizá-la de modo satisfatório, se essa força que citas é suscetível de alternativas?

CHIQUINHO
Mas, meu caro camarada, a força é contínua e, como tal, irresistível.

MÁRIO
Sim, mas quando parte de um gerador, capaz de duplicá-la, de triplicá-la, de multiplicá-la. Onde julga o nosso Alberto que ele esteja? Na nova Rússia?

ALBERTO
Mário, o gerador que julgo capaz de abater de um só golpe toda essa miséria que se desenvolve a nossos olhos está contido na nova geração.

CHIQUINHO
Voltamos ao princípio. Raciocinas como aquele reverendo que pregava a regeneração em detrimento dos próprios regenerados. Dizia ele que se evitaria o adultério educando a mulher na missão de procriar.

MÁRIO
Sempre tens cada uma... Ah! Ah! Ah!

ALBERTO
Tu só sabes brincar.

CHIQUINHO
Pois explica a tua teoria. Compreendi-a decerto mal.

ALBERTO
Eduque-se a nova geração no direito natural, um por todos e todos por um. Verão como cada um saberá compreender o que seja o pensamento da luz e da liberdade da grandeza.

CHIQUINHO
E como será possível realizar-se isso?

ALBERTO
Educando nós mesmos os nossos.

CHIQUINHO
Para isso é preciso que escravizes o pensamento da tua companheira. Não vês como ela manda teus filhos aprender catecismo em lugar de lhes ensinar coisas úteis?

MÁRIO
Tens razão, tens razão. Ao fim de tanto esforço eles estão com o cérebro atrofiado e inacessível às ideias elevadas.

CHIQUINHO
Sim, é isso mesmo. Portanto, meu caro Alberto, confessa que contra a força existe a inércia. Nós lutamos a peito descoberto e o nosso inimigo luta na sombra e com máscara. Que fazer?

ALBERTO
Trabalhar, trabalhar, trabalhar.

ANDRÉ
(*consigo mesmo*)
Está aí! Fazem tanto escarcéu para não trabalhar e no fim acabam trabalhando.

Cena III

Os mesmos e GERTRUDES

GERTRUDES
(*entrando ao fundo com uma garrafa
sob o avental*)
Seu André, bom dia.

ANDRÉ
(*dirigindo-se ao balcão*)
Bom dia, dona Gertrudes.

CHIQUINHO
(*à parte*)
A velha veio buscar remédio para os calos.

ALBERTO
Para os miolos, com certeza.

ANDRÉ
Então que é que vai, dona Gertrudes?

GERTRUDES
*(põe a garrafa em cima do balcão e tirando
do bolso a caixinha de rapé)*
O senhor já deve saber.

ANDRÉ
(tomando a garrafa)
Bem, bem.

ALBERTO
Queria muito penetrar no cérebro dessa mulher para saber como funciona ele.

CHIQUINHO
Perderias o teu tempo, porque há trevas no cérebro dessa megera.

ANDRÉ
(servindo-a)
Pronto, dona Gertrudes.

GERTRUDES
Olhe, *seu* André, eu pagarei o atrasado, e ficarei devendo a conta de agora.

ANDRÉ
Pode pagar o de agora e ficar devendo o atrasado, dona Gertrudes. Eu não desconfio de fregueses como a senhora.

GERTRUDES
Não, *seu* André, eu não gosto de fiado, mas é que hoje tenho um palpitezinho e queria fazer uma fezinha.

Chiquinho
Terá palpite na vaca o raio da velha?

Gertrudes
Ah! é mesmo, *seu* André. A dona Henriqueta tem um livro que explica o bicho em que se deve jogar, conforme o sonho que se teve. Ela já ganhou e eu também hei de ganhar, porque comprarei um custe o que custar.

André
Mas afinal que palpite é o seu? Se for com certeza, eu jogarei também.

Chiquinho
Jogue na vaca que o senhor ganhará.

André
Na vaca? Ah! Ah! Ah!

Gertrudes
(*voltando-se*)
Não é ruim palpite. Olha que a vaca anda muito atrasada. É fácil sair hoje. (*apalpa os bolsos*) Mas o diabo é que eu não tenho dinheiro para jogar nos dois palpites. Em todo o caso empreste-me duzentos réis que de tarde eu pagarei tudo.

André
(*à parte*)
Mau! mau! E eu é que estou pagando o pato. (*dá-lhe o dinheiro*) Vamos ver então hoje de tarde. Se ganhar, espero que não se esqueça do atrasado.

Gertrudes
Oh! Sr. André, não há perigo. De tarde eu não me esquecerei de saldar minha conta. Até logo, até logo.

André
Até logo, vá com Deus, dona Gertrudes.

Gertrudes
Amém, Jesus, Sr. André. (*pega na garrafa e sai depois de dirigir um cumprimento aos que estão sentados*)

Chiquinho
(*baixo*)
Que o raio te parta.

Alberto
(*baixo*)
E que te abrase a alma velha rabugenta.

Cena IV

Os mesmos, menos Gertrudes

Mário
Bem, meus caros, o nosso companheiro Paulo não deve demorar-se, portanto devemo-nos pôr de acordo sobre o caso daquela infeliz que ele fez sua companheira.

Alberto
Coitada, é uma das vítimas do luxo e do vil metal.

CHIQUINHO
Eu achava melhor prevenir o Paulo. Devemos evitar quanto antes um colóquio entre eles. Para isso é preciso irmos buscá-lo e, pretextando fortes razões, trazê-lo para cá, onde tu, Mário, o cientificarás de tudo.

MÁRIO
Está bem. Que dizes a isso, Alberto?

ALBERTO
Concordo contigo. É bem triste desfazer uma ilusão. Ofereço-me também para alguma coisa.

MÁRIO
Vai então buscá-lo.

ALBERTO
(*levantando-se*)
Vocês esperam-me aqui?

OS OUTROS
Esperaremos.

ALBERTO
Então até a volta. (*sai ao fundo*)

OS OUTROS
Até logo.

Cena V

Os mesmos, menos ALBERTO

MÁRIO
Pobre de quem se deixa embair por fantasias. Afinal de contas isso é assim mesmo.

CHIQUINHO
Porque não pode ser de outro jeito, como disse mestre Kropotkine. Isto leva a crer que o nosso Paulo se convencerá da falibilidade das coisas e se conformará com a sua sorte.

MÁRIO
Não foi falta de conselhos.

CHIQUINHO
Disso estou certo, mas é fato que os homens julgam suas ideias superiores às dos outros. O interessante é que formam sentenças para disfarçarem os seus erros. Por isso é que dizem que errar é próprio dos homens.

MÁRIO
Diabo, não perdoas a uma futilidade!

CHIQUINHO
Naturalmente, porque uma futilidade é imperdoável.

Cena VI

Os mesmos e LOURENÇO

LOURENÇO
(*entra e vai ao balcão*)
Bom dia.

André
Bom dia.

Lourenço
(*tirando do bolso um níquel e atirando-o ao balcão*)
Um tostão dela para aquecer o estômago.

André
(*servindo-o*)
Prontinho.

Lourenço
(*a Chiquinho e Mário*)
São servidos?

Mário e Chiquinho
Não senhor, obrigado.

Lourenço
(*bebendo*)
Então à saúde dela! (*ao ver que Mário e Chiquinho o observam, encarando-os*) Olhem, se são servidos não façam cerimônias. É só pedir.

Chiquinho
Não, muito agradecido. Estou simplesmente admirado de ver a facilidade com que o senhor bebe um copo de álcool.

Lourenço
Bebendo. É tão natural! Admira-se então do que faço? (*rindo*) Sim, todos se admiram, os honestos, os filhos de família.

CHIQUINHO
Pudera! Então o senhor não tem família, não é honesto?

LOURENÇO
(*solta uma gargalhada prolongada e, aproximando-se dos dois, entre dentes*)
A família, a felicidade, a família! (*recordando o passado, assusta-se, pausa longa*) Honesto! é uma mentira! (*retrocede*) Honesto! (*olha em redor de si como que assustado e aproxima-se de Mário e Chiquinho, como quem procura proteção. Mais calmo, suplicando*) Não, deixe-me beber, acho isto muito natural; é o único alívio para os males materiais! Bebendo, tenho vontade de cantar e cantando apago as agonias desta vida. Não quero que me deem conselhos, para deixar de beber.

CHIQUINHO
Sim, tem direito, mas isso prejudica a saúde.

LOURENÇO
Saúde?! Melhor é não a ter!

CHIQUINHO
É esquisito!

LOURENÇO
Parece! Parece, mas não é!

MÁRIO
Por quê?

LOURENÇO
Ora! Porque a saúde dá muita fome e eu não ganho para comer. Recorro ao álcool para que me mate a saúde, porque com ela morre a fome. Quando bebo só penso em cantar e quem canta... quem canta mostra que está contente... ao menos na aparência... (*com um sorriso*) É o que pretende a sociedade, esconder a realidade... demonstrar que a vida não é uma agonia... agonizando... e eu obedeço a esta regra. Se o sentimento impede... bebe-se e aí está, sufoca-se com o álcool e pouco a pouco, ele, o sentimento, some. (*pegando no copo*) Eis a virtude deste abençoado líquido. (*bebe e com um sorriso irônico sai assobiando baixo*)

Cena VII

ANDRÉ, MÁRIO, CHIQUINHO *e depois* FERNANDES

MÁRIO
Pobre vencido, como é triste ouvir-se um ébrio que fala.

CHIQUINHO
Triste é saber a causa comum de todos os males e não se poder suprimi-la! A maior vergonha humana é...

FERNANDES
(*que entra rápido*)
Bom dia, Sr. André, como vai?

André
Oh! Sr. Fernandes, Vossa Excelência por aqui é novidade! (*aperto de mãos*)

Fernandes
Não. Passeio. (*olha Mário e Chiquinho de alto para baixo*) Sr. André, dê-me uma dose de Málaga, mas se for do bom, senão, dispenso.

André
Oh! Eu tenho do legítimo, Sr. Fernandes. (*serve-o com delicadeza*)

Fernandes
(*provando-o*)
Realmente é delicioso.

Chiquinho
(*baixo a Mário*)
Daqui a pouco faço-lhe beber o Málaga pelas trombas.

Mário
Cala-te, Chiquinho.

Chiquinho
Calar-me, quando não posso mais conter-me? (*olha duramente Fernandes, vai à porta, olha de um lado para o outro e volta a sentar-se novamente*) Se não me engano, Alberto já vem de volta.

Mário
Talvez não encontrasse o Paulo.

Cena VIII

Os mesmos e ALBERTO

ANDRÉ
Então, Sr. Fernandes, que me diz de novo?

FERNANDES
Olhe, você sabe mais do que eu.

ANDRÉ
Eu? Preso dia e noite nesta vida?

FERNANDES
Então, seu bar não é sede de tantas negociatas?

CHIQUINHO
(*baixo*)
Vês? Ainda nos ofende.

MÁRIO
(*idem*)
Não dou importância a palavra de miseráveis da marca desse.

ALBERTO
(*entrou às últimas palavras e sentou-se*)
Meus amigos, encontrei o Paulo, ele não faltará aqui. (*falam baixo, gestos*)

ANDRÉ
Então como é isso, Sr. Fernandes; os operários não trabalham hoje?

Fernandes
Não. (*fingindo não saber*) E para falar a verdade não sei por quê.

André
Ora essa! Então não sabe que eles festejam a liberdade do tal camarada Paulo!

Fernandes
(*rindo gostosamente e olhando Mário, Chiquinho e Alberto com ar de pouco caso*)
Ah! Ah! Ah!

Chiquinho
(*levantando-se furioso*)
Mário!

Mário
(*segurando-o com ajuda de Alberto*)
Calma, rapaz, guarda essa energia para quando soar a hora.

Chiquinho
Qual hora nem meia hora! Para mim toda hora é hora.

Alberto
Mas afinal que quer esse homem, Mário? Será porventura algum dos inimigos, dos perturbadores da ordem, que vêm acalmar os nossos ânimos exaltados?!

Fernandes
Não é preciso que eu diga quem sou, vocês bem o sabem.

CHIQUINHO
É o Sr. Fernandes, caro Alberto, um cavalheiro de indústrias diversas.

FERNANDES
Eu não quero comprometer-me com pessoas de vosso jaez, seus pelintras. Sou um homem oficialmente conhecido, e temo manchar as minhas botinas ao contato da ralé.

MÁRIO
Sr. Fernandes, eu vos intimo a mudar de linguagem e a sair daqui neste momento. Vossa arrogância está se tornando cada vez mais insuportável e, se persevera nesse intento, não responderei mais por mim.

FERNANDES
Não merece resposta.

MÁRIO
É o que convém fazer.

ANDRÉ
Mas aqui quem manda sou eu e portanto ninguém sai para fora.

FERNANDES
(*num sorriso sarcástico*)
Ah! Ah! Ah!

CHIQUINHO
Miserável!

(*Chiquinho precipita-se sobre Fernandes. Mário e Alberto intervêm. Fernandes, percebendo o perigo, saca o revólver, e põe-se em guarda. Chiquinho agarra uma cadeira e avança. Fernandes aponta o revólver, mas vê-se impossibilitado, pela entrada de Paulo, que o segura pelo braço. Fernandes aproveita a confusão e sai.*)

Cena IX

ANDRÉ, PAULO, CHIQUINHO, MÁRIO e ALBERTO

CHIQUINHO, MÁRIO e ALBERTO
(*ao mesmo tempo*)
Paulo!...

PAULO
(*calmo mas mostrando muito sofrimento*)
Nunca esperei encontrar os meus camaradas numa taverna, em ato de armar conflitos! Nunca, principalmente tu, Mário, que recordei sempre com alegria até nos dias mais horrendos de grande comoção! Oh! enganei-me!

MÁRIO
Paulo, não fales assim, não julgues tão rapidamente os teus velhos camaradas. Tu te enganaste, é verdade, mas com outra pessoa.

PAULO
Explica-te, Mário.

MÁRIO

Senta-te e ouve-me. (*Paulo senta vagarosamente enquanto, disfarçando, Chiquinho e Alberto mudam-se de lugar. André vai ao fundo e da porta faz sinal a alguém e sai. Isto enquanto a cena se desenrola*)

Cena X

Os mesmos, menos ANDRÉ

MÁRIO
Diz-me, Paulo, tu sofreste muito na prisão?

PAULO
Ainda o perguntas?

MÁRIO
Mas tiveste coragem e altivez.

PAULO
Sim, corajoso e altivo, suportei tudo e estou pronto para recomeçar a luta. O triunfo da nobre ideia de redenção humana precisa explorar a sua história com mártires... e eu me ofereço em holocausto.

CHIQUINHO, MÁRIO *e* ALBERTO
Bravo! muito bem!...

MÁRIO
Eis como te quero, forte e ousado como nos primeiros dias de nossa triste caminhada. Mas ouve-me. Desde o dia em que foste preso que me encarreguei de zelar pela tua Rosa.

PAULO
Oh! a minha boa Rosa!

MÁRIO
Nada lhe faltou, nem ao menos o cumprimento do seu menor capricho.

PAULO
Como eu te reconheço, meu caro companheiro.

MÁRIO
Os nossos não merecem tais palavras, porque não trabalham por interesses baixos, mas cumprem um sacro dever em prol de um ideal mais elevado!

PAULO
(*enlevado*)
O nosso ideal de liberdade e de fraternidade!

MÁRIO
Mas é preciso que sejamos fortes para nos colocarmos à altura de tão nobre empresa. É preciso coragem, Paulo, altivez...

PAULO
E julgo ter dado provas de minha lealdade.

MÁRIO
Sim, mas todos nós temos um ponto fraco. Qual seria pois o teu maior desgosto?

PAULO
Fraqueza humana! O meu desgosto... (*pensativo*) O meu desgosto... (*arregala os olhos e aproxi-*

ma-se de Mário a quem sacode o braço, adivinhando uma coisa horrível) Mário!... Mário!... *(respiração difícil, palavras trêmulas)* Ela... Rosa!...

MÁRIO
(*tristemente*)
É uma das tantas vítimas... Caiu no lodo social.

PAULO
(*agitado*)
Ah!... Não, Mário, fala-me... Mário...

ALBERTO
(*comovido*)
Calma, Paulo, calma.

PAULO
Chiquinho, Mário, Alberto, contem-me os motivos...

ALBERTO
Calma, Paulo, calma que tudo hás de saber. Ouve, está próximo o dia da redenção humana.

PAULO
E Rosa falseou!

MÁRIO
Senta-te e acalma-te que nossa classe precisa de ti.

PAULO
Pobre de mim!... *(debruça-se sobre a mesa)*

MÁRIO

Durante a tua prisão o miserável do Fernandes, com o auxílio de Gertrudes, conquistou o coração de tua Rosa, que se tornou indigna de ti. Pobre infeliz, está...

ALBERTO

Perdida.

PAULO
(*pondo-se de pé num surto*)

Não! Mentem os camaradas de Paulo! (*pausa. Respiração custosa. Depois com calma*) Mário, que é feito de Rosa?!...

TODOS

!!!! (*aproximam-se dele*)

MÁRIO

Paulo, ouve o que um dia cantaste: "Escrava do metal que degenera." Recordas-te? Volta a ti mesmo.

PAULO
(*parece acordar de um belo sonho; passa as mãos pelos cabelos. Pausa longa. Fita os olhos na plateia como se olhasse o vácuo. Depois falando consigo*)

"Escrava do metal que degenera!" (*olha para Mário, com entusiasmo, como quem revive*) Sim, Mário, recordo-me. À luta.

TODOS

À luta!...

FIM DO SEGUNDO ATO

TERCEIRO ATO

(*Sala rica. Porta ao fundo dando para uma galeria. Janela à direita; móveis dispostos com bom gosto. É dia. Uma porta à direita alta dando para o interno da casa, pequena mesa à esquerda baixa.*)

Cena I

Rosa *só*
(*Sentada com abandono em um sofá, lê atentamente um jornal; levanta-se com um movimento rápido, toma a cena à esquerda baixa. Empalidece, torna a ler o jornal, olha absorta para a plateia mostrando um nervosismo que a agita toda; aperta o jornal, com as mãos endurecidas, precipita-se à porta da direita alta e volta rapidamente dando mostras de quem quer fugir, entrando logo em seguida apressadamente.*)

Cena II

Lourenço *e depois* Rosa

Lourenço
(*entra ao fundo sorrateiro, espiando, perscruta a cena*)
É sempre o mesmo. Ninguém à vista! (*abre uma gaveta e rouba alguns objetos*) Ninguém à vista!

Rosa
(*entra e, vendo Lourenço, grita*)
Socorro, ladrão, socorro...

Lourenço
(*retrocede e sacando um punhal*)
Cala-te. (*avança vagarosamente*) E nem um movimento... (*olhando-a fixamente, empalidece*) Será uma ilusão?

Rosa
(*medrosa*)
Mas que quer de mim?

Lourenço
(*comovido*)
É o retrato de Maria! (*retrocede, deixa cair o punhal e, tapando o rosto, chora*)

Rosa
(*depois de uma pausa*)
Senhor... que quer? As minhas joias? Leve-as, pode levá-las, mas saia; eu tenho medo.

LOURENÇO
(*tristemente*)
Não me expulse que nada lhe farei. Ouça, vim aqui com tentações de cometer uma ação indigna, vim roubar, vim assassinar, mas o meu coração falou...

ROSA
Oh! Saia, saia pelo amor de Deus.

LOURENÇO
(*como acima*)
Sim, sairei, mas antes diga-me o seu nome.

ROSA
O meu nome?

LOURENÇO
Sim, quero sabê-lo. Queria julgar-me feliz em desfazer uma ilusão! O seu nome?...

ROSA
Dar o meu nome a um ladrão?!

LOURENÇO
(*levando um choque*)
Ah! ladrão... roubar é minha arte, mas já tive outro ofício, porque, como todos os outros homens, também vivi embebido no egoísmo do amor, tinha uma família! A família... era para mim o rochedo invulnerável, mas... se desfez em sangue.

ROSA
(*assustada*)
Em sangue?

LOURENÇO
Foi quando me tornei infeliz.

ROSA
A sua infelicidade o levou ao roubo, ao crime?

LOURENÇO
Sim!

ROSA
E qual foi o motivo que a determinou?

LOURENÇO
Eu lhe contarei. (*como quem procura recordar-se*) Eu era moço, e amava minha mulher com toda a pujança de minha juventude. Os dias para mim eram cheios de encantos e as noites de um sonhar sem fim, poesia da vida na mais alta manifestação...

ROSA
(*comovida*)
Como é doce a ideia da felicidade para aquele que não é feliz.

LOURENÇO
Mas um dia, ao regressar do trabalho mais cedo que o costume, surpreendo minha mulher em flagrante delito de lesa-dignidade! Ela, a luz dos meus olhos, a vida da minha vida, nos braços de outro... Matei-a...

ROSA
(*assustada*)
Oh! meu Deus, meu Deus!

LOURENÇO
Fui preso e processado, mas como o crime tinha atenuante fui posto em liberdade. Oh! mas o castigo tornou-se pior! Sim... voltei à minha casa e lá encontrei o remorso e uma orfãzinha que contava apenas seis meses. (*chora*)

ROSA
(*comovida e com interesse*)
Que triste futuro lhe reservava o destino! E... depois?

LOURENÇO
Eu era assassino e não podia criá-la. Entreguei-a a uma família conhecida que antes me havia avisado da traição de minha mulher. Fugi, para viver como um cigano errante, e nessa vida passei dezesseis anos... voltei, depois, trazendo como companheira de tanta miséria moral uma arma assassina; esse punhal que está a seus pés!

ROSA
É muito triste a sua história, pobre homem, mas em que lhe posso valer se também sou uma desgraçada?

LOURENÇO
Mas peço-lhe apenas que me diga o seu nome. Não lhe custará nenhum sacrifício! Retirar-me-ei depois. (*à parte*) Se eu não me engano?...

ROSA
O meu nome é muito simples: chamo-me Rosa.

LOURENÇO
(*surpreendido*)

Rosa de quê?

ROSA

Não tenho sobrenome, porque não conheci meus pais. Fui criada por dona Gertrudes de Vasconcelos.

LOURENÇO
(*com desespero*)

Oh! Sim, é ela... a minha filha... Gertrudes, foi Gertrudes que me excitou ao crime, avisando-me da traição de minha mulher. (*arregalando os olhos*) Rosa, Rosa, eu sou teu pai!

ROSA
(*assustada*)

Oh! meu pai! (*mais calma com um sorisso como que presa por uma suave visão*) Como é doce este nome por mim nunca pronunciado. (*com sentimento*) Pai! Meu pai!...

LOURENÇO

Não te assustes que eu vou-me embora, sim, fugirei de ti, fugirei para longe... mas tu és o retrato de minha vítima. (*solta uma gargalhada*) Matei... (*olha espantado e pega no punhal*) Matei... Remorso. (*assustado*) Oh! mas não, não fui eu... (*palavras incompreensíveis. Como louco, riso nervoso*)

ROSA

Pai! meu pai! (*vai abraçá-lo*)

LOURENÇO
(*voltando-se como quem volta a si*)
Pai... pai... (*riso de louco, sai*)

ROSA
(*vai à porta e depois de longa pausa volta
transfigurada, cai prostrada no sofá
e num pranto convulso*)

Cena III

ROSA *e* GERTRUDES

GERTRUDES
(*entrando*)
Maldita sorte a minha! Ninguém, ninguém é tão infeliz como eu! Imagina que hoje joguei na vaca com noventa e nove pelo Rio, e no burro com zero nove por São Paulo. Sabes o que deu? O burro com zero nove pelo Rio, e a vaca com noventa e nove por São Paulo. Até parece mentira, Rosinha. (*vendo que Rosinha está muda, continua*) Imagina que... mas não me respondes, rapariga?

ROSA
Responder! que posso responder se tenho o cérebro numa dobadoura?... Sabe o que penso?... que hei de ser muito infeliz.

GERTRUDES
Tal e qual eu sou no jogo do bicho! Imagina que logo que saí de casa encontrei um gato preto e de-

pois um feiticeiro. Fiz uma fezinha, e perdi no bicho. Vê! vê se isso...

Rosa
Dona Gertrudes, eu não posso compreender como a senhora chegou a esta idade, tendo tratado sempre com feiticeiros e feitiçarias de gato preto. Não sei qual pode ser a sua vida, num arsenal de coisas incompreensíveis.

Gertrudes
Olha, menina, o que não sei compreender é a tua vida. Andas sempre triste, pensando tanto e sendo tão moça! Quando chegares à velhice, o que será? Eu, felizmente, gozei a minha; devias reparar nisso, e não no meu feitiço.

Rosa
Eu nada reparo, mas agasta-me a sua queixa constante de um mesmo mal.

Gertrudes
Não me queixo; desejo apenas mostrar-te a minha falta de tática. Mas amanhã hei de ser mais esperta e quero que me emprestes quinhentos réis, para fazer outra fezinha.

Rosa
(*com desdém*)
Não sei se tenho. Veja nessa gaveta.

Gertrudes
(*procurando na gaveta*)
Mas aqui só tem duzentos réis!

ROSA

Pois leve-os, é o que tenho. (*seguindo outro pensamento*)

GERTRUDES

Oh! menina!, então o Sr. Fernandes... Oh! mas não lhe pedes nada?

ROSA

Pedir? Eu?

GERTRUDES

Oh! quem não pede não tem! Ah! se fosse eu... se fosse eu... já teria criados, automóveis, joias e quanta coisa.

ROSA

Não quero que ninguém se desgrace por minha causa, apesar de ser desgraçada por causa dos outros.

GERTRUDES

Isso é comigo!

ROSA

É com quem tem a consciência do que fez.

GERTRUDES

Estás louca, ou estás ficando, rapariga?

ROSA

Sim, louca estava eu quando julgava a senhora aquilo que não era.

GERTRUDES
E que culpa tenho se não sabes viver?

ROSA
(*olha fixamente e depois de uma pausa*)
Dona Gertrudes, o Paulo sai hoje da prisão. Que será de nós quando ele souber?

GERTRUDES
Estas raparigas de hoje não valem um real! Ah! meu tempo, meu tempo.

ROSA
Dona Gertrudes, hei de apresentar-me assim a ele? Não vê que falta em mim o valor antigo?

GERTRUDES
Ah! Ah! Ah! valor, tens tu agora, tola. Pensa. Tens tudo o que queres, se pedires, se o desejares. Tê-lo-ias com o Louco? Pensa, rapariga, pensa agora enquanto podes, depois...

ROSA
... é o fim...

GERTRUDES
Deixa-te disso. Não te dê cuidado o louco do Paulo. Pouco cuidado de ti teria ele se estivesses em sua companhia. Ah! se eu tivesse uma filha, não era isso que lhe destinaria, mas uma vida de conforto, de alegria e prazeres, em viagens, teatros e que sei eu?... Mas eu vou levar os duzentos réis, porque amanhã hei de ganhar pela sorte. Pago ao senhor André, e...

Cena IV

Os mesmos e FERNANDES

FERNANDES
Bom dia, Rosinha, como vai?

GERTRUDES
(*curvando-se*)
Sr. Fernandes. (*sai sorrateiramente*)

FERNANDES
(*indo sentar-se junto a Rosa*)
Até logo.

Cena V

ROSA *e* FERNANDES

FERNANDES
Não me respondeu. Por que estás triste, Rosinha?

ROSA
Sabe de uma novidade, Fernandes? (*mostra-lhe a notícia do jornal*)

FERNANDES
Já li isso. Entristece-te então a saída do agitador? Bem é digno o motivo da tristeza.

ROSA
(*pausa. Jogo fisionômico*)
Haverá reunião hoje?

FERNANDES
Não sei, é provável que haja.

ROSA
Hoje é o dia Primeiro de Maio...

FERNANDES
Dia em que os diabos andam às soltas. Mas... que pretendes fazer, Rosinha?

ROSA
Eu queria fugir daqui, receio de Paulo. Tu bem sabes que homem ele é.

FERNANDES
Nem penses nisso por brincadeira, aqui em tua casa ninguém ousará fazer-te nada.

ROSA
Bem sei. O Paulo é incapaz de tocar-me porque tem pensamentos elevados, mas eu temo por ti.

FERNANDES
(*assusta-se, depois calmo*)
Não te dê cuidado isso. Embora o famigerado Paulo fosse cem homens não ousaria tocar num fio da minha têmpora! A ti, a ti, querida flor, nada fará também; é o teu maridinho!

ROSA
(*surpreendida, levanta-se*)
E tu, Fernandes!...

FERNANDES
Ah! Ah! Ah! O Fernandes cede o lugar ao grande Paulo, ao célebre Paulo... ao preso que hoje foi posto em liberdade!

ROSA
(um passo)
Abandonas-me?

FERNANDES
E vais te queixar? Dei-te joias, vestidos e berloques, enquanto teu marido estava preso, agora que está em liberdade, deves acompanhá-lo. Enfim, faço o meu dever.

ROSA
Oh! meu Deus, nunca pensei que fosses falso a este ponto. Tu seduziste-me, tornaste-me uma transviada e agora, como prêmio a tamanho sacrifício, deixas-me assim! *(pranto)*

FERNANDES
Menina, um homem de minha posição não pode ser ofendido. Pesa bem as tuas palavras porque não admito que a gente... de tua laia me insulte!

ROSA
Insulto! Ofensa! Oh! eu sou da classe plebeia, sim, mas é agora que o vês?... Tens razão, devo preparar-me para a expiação do crime.

FERNANDES
Isso é contigo, menina. Eu fiz o meu dever. Socorri uma mulher sem marido e agora aparece o senhor dela, dou-lhe o lugar.

Rosa

Miserável!...

Fernandes

Basta de insultos e de choradeira! não quero me comprometer com teu marido! Basta!... Adeus. (*chega à porta e encontra-se com Gertrudes*) Que há?

Cena VI

Os mesmos e Gertrudes

Rosa

Dona Gertrudes, salve-me por amor de Deus!

Gertrudes
(*agitada*)
Eu lavo as mãos; cada um por si.

Fernandes

Fala, mulher, que há?

Gertrudes

É que o tal Paulo vem aí! (*sai assustada*)

Rosa

Ah!

Fernandes
(*sacando de um revólver*)
Não te aflijas, menina. Em todo o caso... olha, a bala que estava destinada para Chiquinho, reservá-la-ei para Paulo.

Rosa

Perdão, ele não é culpado do que fizemos. (*ajoelhando-se aos pés de Fernandes chora. A cena torna-se um pouco escura*)

Cena VII

Rosa, Fernandes, Paulo *e depois* Mário
(*Fernandes, de revólver em punho, espera a entrada de Paulo. Paulo entra pálido e contempla os dois. Aproxima-se deles depois, vagarosamente. Com um sorriso irônico, procura conter-se*)

Paulo

Um belo quadro! Um Deus com uma pecadora a seus pés... é sublime!!!

Rosa
(*ao ouvir a voz de Paulo, levanta-se rapidamente*)
Paulo!...

Paulo
(*quer falar mas sorri amargamente.
A Fernandes, altivo*)
Deixou que me aproximasse muito, Sr. Fernandes; não terá mais tempo de disparar seu revólver! (*Fernandes, a estas palavras, tenta dar um passo atrás e disparar sua arma. Paulo, num movimento, torce-lhe a mão da qual tira o revólver jogando-o ao chão; ao mesmo tempo agarra-o pelo peito, sacudindo-o fortemente*) Ainda tentas reagir, miserável!... infame, de revólver, em minha casa... (*ao pronunciar*

estas palavras, deixa-se de Fernandes, passa as mãos à cabeça num desespero. Olha para a plateia) Ah! enganei-me, eu já não tenho mais lar... Rosa, os meus filhinhos! Foi tudo um sonho que se desfez. *(vai a sair, encontra-se com Mário)*

MÁRIO
Paulo!...

PAULO
Ah! Mário, que triste realidade! *(abraça-o e chora. Ao longe ouve-se a* Marselhesa*. *O sol ilumina pouco a pouco a cena. Fernandes quer pegar o revólver, mas, ao fitar a luz, foge assustado. Paulo deixa-se de Mário muito lentamente, fita a luz como quem procura um bálsamo; e como despertando de um pesadelo)* Mário, que é isto?

MÁRIO
É o farol da redenção que ilumina a humanidade.

PAULO
(ouvindo-se distintamente as notas da Marselhesa*)*
Oh! sim! O Hino dos desgraçados, dos párias, dos famintos. *(chega-se a janela. Fora, ouvem-se tiros)*

MÁRIO
Não são tiros de taberna, mas sinais que anunciam a redenção humana.

---

* Por determinação da censura em 1933, a "Internacional" foi substituída pelo hino nacional francês (documentação existente no Arquivo Miroel Silveira – ECA/USP).

PAULO

Não percamos tempo, pois, vamos enfrentar o nosso inimigo comum.

MÁRIO

(*abrindo a manta, empunha a carabina*)
Mãos à obra, companheiro! (*sai*)

ROSA
(*vendo que Paulo vai a sair*)
Paulo, eu te sigo.

Cena VIII

ROSA *e* PAULO

PAULO
(*ouvem-se os últimos compassos
da* Marselhesa, *ralentando*)
Tens coragem, criatura infeliz, de seguir-me a uma morte quase certa?

ROSA
Sim, tenho. Para que combates, tu?

PAULO
Para a redenção dos desgraçados.

ROSA
(*ajoelhando-se aos seus pés*)
Ah! Paulo, uma tua palavra e eu serei uma mulher livre de preconceitos... Fui vítima da miséria

humana e reconheço agora, bem tarde, a inutilidade e inconsequência das personalidades dos grandes. Quero seguir-te, quero morrer em prol de uma causa que me redime e mais aos meus irmãos de infelicidade.

PAULO
(*com um sorriso de triunfo e comovido,
abraça-a com força e beija-a na fronte*)
Eu não podia enganar-me. (*ouve-se uma descarga, gritos etc. Perto da porta um rumor confuso*) Segue-me, pois. É a hora da grande luta.

Cena IX

Os mesmos, MÁRIO, CHIQUINHO *e* ALBERTO

MÁRIO
(*precipita-se em cena ferido no peito. Dá alguns
passos para sentar-se no sofá, mas não consegue.
Vai a cair e é amparado por Paulo, que, percebendo
o seu estado, o segura e o senta*)

PAULO
Quê, Mário ferido!

ROSA
Oh! Deus dos desgraçados!

CHIQUINHO
Foi atingido por uma bala no peito.

PAULO
(*tirando um lenço branco do bolso, procura conter o sangue do ferimento de Mário*)
Mário, meu pobre Mário, não me respondes?

MÁRIO
(*com um fio de voz*)
Companheiros, continuem a luta que... havemos de triunfar!... Tu, Paulo, és digno e forte... perdoa... perdoa... a essa infeliz que... não é... (*um profundo suspiro*) Não é culpada! (*consternação de todos. Chiquinho, tirando o lenço do bolso, tampa os olhos e chora. Alberto cruza os braços, leva uma das mãos aos olhos, pensativo. Rosa olha fixamente Paulo*)

PAULO
Mário!... Mário!... Ah!... morto... (*longa pausa. Tira o lenço ensanguentado do ferimento de Mário, dá alguns passos e olha firme para o lenço*) Sangue... sangue proletário para alimentar a hidra insaciável... (*pausa. Olha para a plateia*) Este farrapo ensanguentado sintetizando todas as vítimas desconhecidas será o incentivo da luta!... (*olhando Mário*) Ah!... sim... ele nos lembrará a tua morte porque é a Bandeira Proletária.

FIM

Pedro Catallo

UMA MULHER DIFERENTE

Peça em três atos

ALGUMAS PALAVRAS

A escolha deste tema deve-se ao fato de crermos que o teatro deve responder a uma finalidade humana e instrutiva, sem acomodações sociais e sem preconceitos de espécie alguma.

Pensamos, com este critério, contribuir para a emancipação da mulher, que se encontra ainda acorrentada a uma enfadonha disciplina físico-moral que lhe determina vida restritiva e prejudicial. De todas as restrições que suporta, a virgindade é, sem dúvida, a mais preocupante, posto que leva-a a crer que todo o seu valor pessoal, quer seja moral, intelectual ou profissional, reside nessa minúscula e dispensável membrana anatômica. Eis por que tão grande legião de moças, vencidas pelo ímpeto da natureza, vejam diante de si, como justo castigo, o refúgio da prostituição.

É exatamente isso que pretendemos evitar com a contribuição desta peça. Pensamos que a mulher que, por qualquer circunstância, seja obrigada a entregar sua virgindade não deve considerar-se inferior ao seu estado primitivo. Deve capacitar-se e persuadir-se que seus dotes físicos e morais continuam intactos e não deve eximir-se da luta social, para a conquista de uma vida digna e honesta.

Eis aí a finalidade desta peça teatral.

Pedro Catallo
São Paulo, setembro de 1945

PERSONAGENS

RICARDO, *rico industrial*
GREGÓRIO, *seu empregado*
LUDOVICO, *professor de música*
PADRE ANDRÉ, *amigo de Ludovico*
VALERIANA, *doméstica a serviço de Ludovico*
TOMÁS, *operário de Ricardo*
ELENA, *filha de Tomás, com 25 anos de idade*
SENHORA RICA
MOÇA, *filha da senhora rica*
DUAS MOÇAS, *alunas de música de Ludovico*
ENFERMEIRA
PORTEIRO, *velho meio surdo*
MÉDICO DO HOSPITAL
MENINO
BEBÊ

A ação passa-se numa cidade industrial.
Época atual.

PRIMEIRO ATO

(*Escritório de uma fábrica. Está terminando o dia. Ricardo está sentado à mesa de trabalho, à esquerda. À direita, noutra mesa, um menino trabalha na máquina de escrever. Deixando de trabalhar e juntando os papéis, o Menino dirige-se a Ricardo.*)

Cena I

Menino e Ricardo

Menino
O faturamento ficou pronto, mas a correspondência não pude terminá-la.

Ricardo
Está bem. Mas amanhã venha um pouco mais cedo, ouviu?

Menino
Sim, senhor.

RICARDO
Leve isto ao correio e pode ir para casa.

MENINO
Sim, senhor. Até amanhã. (*sai pelo fundo*)

RICARDO
Até amanhã.

Cena II

RICARDO *e* GREGÓRIO

GREGÓRIO
(*entrando pelo fundo e como que confiando
um segredo a Ricardo*)
Sr. Ricardo, a moça está aí.

RICARDO
(*com pouca importância e mexendo
papéis na escrivaninha*)
Que moça?

GREGÓRIO
A Elena. O senhor não a esperava?

RICARDO
(*com interesse*)
Ah! Sim, sim; pensei que não viesse. Mande-a entrar, mande-a entrar.

GREGÓRIO
(*encaminha-se, mas volta*)
Sabe, Sr. Ricardo, eu precisava... alguma coisa para...

RICARDO
(*atalhando*)
Mais dinheiro?! Você está parecendo o tonel das Donaides (*sic*), que não tinha fundo.

GREGÓRIO
Engana-se, Sr. Ricardo, porque eu tenho fundo.

RICARDO
Pois não parece. Decididamente, você pensa que tem parte em minha fortuna. Isto não pode continuar assim; estou perdendo a paciência.

GREGÓRIO
Oh! Não fique assim, Sr. Ricardo. E não esqueça que o favor que lhe fiz não se paga com dinheiro.

RICARDO
Sim, já sei. Não se paga com dinheiro, mas você não para de pedir-me dinheiro.

GREGÓRIO
Homem, homem! Ninguém faz nada por nada, mas há coisas que não têm preço.

RICARDO
Eu já disse: o que você quer é uma conta corrente contra o meu cofre. Mas eu vou acabar com isso

que "não tem preço". Aqui estão quinhentos cruzeiros e não se fala mais no assunto.

GREGÓRIO
(*recebendo o dinheiro*)
Quinhentos cruzeiros! Já é alguma coisa.

RICARDO
Alguma coisa?! Que pretensão!

GREGÓRIO
O senhor acha muito esse dinheiro, tendo nas mãos, como era o seu desejo, a filha do homem que o senhor mandou pôr na cadeia só por gosto.

RICARDO
Psiu! Já disse, não se fala mais no assunto. Mande entrar Elena.

(*Gregório sai. Ricardo arranja a gravata
e procura arrumar-se com elegância.
Elena aparece pelo fundo.*)

Cena III

RICARDO *e* ELENA

RICARDO
Entre. Acomode-se. (*indica-lhe a cadeira. Elena senta-se*) Sabe por que a mandei chamar?

ELENA
Será, certamente, para interrogar-me?

Ricardo
Por que pensa isso?

Elena
Porque, desde que meu pai foi preso, passo os dias em torturantes interrogatórios. O juiz, o delegado, o padre, o seu advogado, os vizinhos, todos, todos querem rebuscar e dissecar minha vida e a de meu pai a seu gosto e cada um diz o que quer. Cada passo que dou é mais um empurrão para o abismo.

Ricardo
De mim não pode a senhorita dizer a mesma coisa.

Elena
O senhor? O senhor podia ter evitado que prendessem meu pai. Poupava-nos essa vergonha.

Ricardo
Quando percebi que ia ser roubado, dei parte à polícia. Longe estava eu de supor que seria precisamente seu pai o ladrão.

Elena
Oh! Por piedade! Não pronuncie mais essa palavra. Tantas vezes me tem soado aos ouvidos nestes dias, que me tortura com requintes de perversidade. Sr. Ricardo, meu pai não pode ser um ladrão. (*enxuga os olhos*)

Ricardo
Todavia, em seus bolsos foram apreendidas as indicações que deviam orientar o assalto ao meu cofre.

ELENA
Isso é uma infâmia. Meu pai nunca faria isso.

RICARDO
Compreendo que estas coisas não podem soar-lhe bem ao ouvido. Mas, convenha, que as pessoas somos simples joguetes nas mãos das circunstâncias. E as circunstâncias, a seu pai lhe pareceram propícias para...

ELENA
(*interrompendo*)
Por favor, não prossiga. Nunca conheci em meu pai pretensões de riqueza. Não somos ambiciosos. O que ganhávamos cobria facilmente as despesas da vida modesta e tranquila que levávamos.

RICARDO
Talvez desconheça a vida, Elena. A ambição vive na alma de todo mortal.

ELENA
Não julgue os outros pelas qualidades que lhe envolvem a alma.

RICARDO
A mim?!... Bem, como queira. Mas por que se obstina tanto em crer que seu pai é diferente dos demais?

ELENA
Porque conheço demasiadamente meu pai.

RICARDO

Mas esquece aquele velho adágio que diz que "a ocasião faz o ladrão".

ELENA

Então, por que aviltar tanto meu pai? Se "a ocasião faz o ladrão", em lugar dele o senhor teria feito a mesma coisa.

RICARDO

Não parece muito própria a comparação. Não se esqueça de que estamos tratando de seu pai. Ademais, eu sou rico, muito rico, e me acho a salvo de "certas ocasiões". (*faz com os dedos mostras de roubar*)

ELENA

Quer dizer que o senhor aceita implicitamente que o pobre, por ser pobre, tem de roubar algum dia?

RICARDO

Mas que coisa, Elena! Dir-se-ia que se propôs reformar os fundamentos morais que regem a nossa sociedade.

ELENA

Os fundamentos morais! A moral é como a roupa de vestir: usa-a cada qual a seu gosto! O que para uns é vergonhoso, para outros é muito natural. E o que para outros é roubo, para alguns é forma de viver. O que para muitos é mentira, para poucos é verdade. E na exploração do homem pelo homem, a moral mede-se pelo dinheiro que se tem. Todos falam de moral, mas cada um tem a sua.

RICARDO

O que não me explico, Elena, é por que quando fala comigo o faz desse modo, assim, como direi, contundente, rotundo, e, seria capaz de dizer, ferino. Parece-me que sempre a tratei bem; sempre fomos bons amigos.

ELENA

Trabalhei dois anos nessa máquina (*indica a máquina de escrever*) e nossa amizade nunca passou da de empregado para patrão.

RICARDO
(*com voz doce*)
Porque a senhorita não quis... Foi sempre orgulhosa.

ELENA

Orgulhosa não. É que, no domínio do coração, o senhor não me interessa.

RICARDO
(*aproximando-se embevecido*)
Entretanto, a mim você roubou-me o sono. Passo as noites em vigília e de dia é você a sombra que me segue onde vou.

ELENA
(*cortando*)
O senhor disse, faz um instante, que se tratava de meu pai.

Ricardo
(*refazendo-se*)
Ah! Sim, sim, de seu pai. (*senta-se e acende um cigarro*) – Mandei-a chamar porque o meu advogado me informou que os autos elaborados pela polícia subirão ao Tribunal possivelmente amanhã. Já pode imaginar o que dali se espera. Irremediavelmente seu pai será condenado. Você ficará sozinha, abandonada, e eu pensei remediar a situação. Você volta a ocupar o seu lugar; a máquina está aí à sua espera. Provisoriamente tenho um menino que quase não faz nada.

Elena
De minha situação o senhor não tem que se ocupar, porque está quase resolvida.

Ricardo
Resolvida? Como?

Elena
O senhor Ludovico, meu professor de música, quando soube o que me acontecera, acolheu-me carinhosamente em sua casa, como se fosse sua filha. Que ficasse tranquila, foram as suas primeiras palavras, porque casa e comida teria ali enquanto eu quisesse. Dá-me lições todos os dias e mostra-se entusiasmado com o meu progresso. Diz que tenho talento musical; não sei se isso é verdade. Foi a única pessoa que se compadeceu de mim e que também crê na inocência de papai. De modo que, o que o senhor quer fazer por mim, faça-o por meu pai, se pode.

RICARDO
Sim, posso. (*levanta-se*) – A situação de seu pai, pode-se dizer, encontra-se colocada em minhas mãos. As coisas estão de tal forma, que uma ordem minha pode dar-lhe a liberdade ou condená-lo como ladrão. É minha intenção anular o que há contra seu pai, mas algo depende, também, de você.

ELENA
De mim?

RICARDO
De você, sim. Mas, se continuar a considerar-me como inimigo, nada é possível fazer. Compreenda, Elena, que também tenho personalidade, sensibilidade e até amor-próprio, se prefere.

ELENA
Que o senhor tenha essas qualidades, não duvido; mas devo dizer-lhe que tenho a consciência tranquila de haver feito por meu pai tudo o que estava ao meu alcance.

RICARDO
Alguma coisa mais pode fazer, se quer. (*com insinuação*)

ELENA
Por mim, não deixaria nem um minuto meu pai na cadeia. Mas não sei em que consiste isso de "se quer".

RICARDO
(*sempre insinuando*)
Não sabe ou não quer saber?...

ELENA
Não sei, não sei até onde o senhor quer chegar.

RICARDO
Até onde seja preciso para dizer a você que não posso mais, que estou cego, que estou louco, que quero abraçá-la, beijá-la, até perder os sentidos. Quero dar expansão a este desejo que me perturba o discernimento, quero enfim...

ELENA
(*cortando e levantando-se*)
Oh! Basta! Por favor. Não vim aqui tratar desse assunto.

RICARDO
Pois fique sabendo que o assunto de seu pai está estreitamente ligado a este.

ELENA
Eu devia ter-me distanciado desta casa desde os primeiros instantes, porque nos primeiros minutos adivinhei as suas intenções. Mas quem vive do trabalho tem de suportar a impertinência dos de cima, se não quer morrer à míngua. Além disso, não me incomodei porque no domínio do coração o senhor não me interessa.

Ricardo
Sim, já sei, no domínio do coração não lhe interesso, mas as mulheres fazem sofrer muito, sem o saber. E você está nesse caso.

Elena
Não me culpe, então; e não culpe as mulheres. Culpe a natureza humana, que não se enquadra dentro dos "fundamentos morais que regem a nossa sociedade". (*com ironia*)

Ricardo
Não estou para brincadeiras, Elena; falo sério. Quero você, gosto de você.

Elena
Sr. Ricardo, deixe que lhe fale a sério, também. Agradeço de todo coração essa preferência que o senhor sente pela minha humilde pessoa, mas devo dizer-lhe que o senhor se aproveita de uma oportunidade criada pelas circunstâncias para colocar-me sob o fio duma espada.

Ricardo
Entretanto, ponho em suas mãos a liberdade de seu pai.

Elena
Então é um negócio o que o senhor me propõe?! Uma transação?

Ricardo
Pode chamá-la como quiser. As coisas estão desta maneira: onde você vê o fio de uma espada eu vejo a liberdade de seu pai.

Elena
Efetivamente, assim é. Cada um vê as coisas a seu modo. É a moral elástica de que lhe falei há pouco. (*fica pensativa*)

Ricardo
(*soa o telefone*)
Alô!... Sim, eu mesmo. Estou bem, obrigado. E o senhor?... Alegro-me... Hein?... Sim... sim... está bem, está bem. Ouça, daqui a pouco telefonarei dando o meu parecer definitivo... Sim... sim... Obrigado... Até logo. (*deixa o telefone e dirige-se a Elena*) – Você ouviu? Meu advogado telefonou-me pedindo uma solução definitiva até amanhã. Eu faço o que fez Pilatos. (*como lavando as mãos*) – Ponho o caso em suas mãos. Você é juiz de seu próprio pai, pode julgá-lo como quiser. Nada mais tenho a dizer. (*senta-se e acende um cigarro*)

Elena
(*depois de ligeira luta consigo mesma,
levantando-se*)
Está bem, aceito!

Ricardo
Aceita?

Elena
Sim, aceito. Quero, de qualquer modo, que esta situação termine. Quero, a qualquer preço, ter papai a meu lado. É uma transação um tanto singular que o senhor me propõe, porém perfeitamente realizável numa sociedade cujos "fundamentos morais", como o senhor diz, estão sempre do lado de quem pode

mais. Quero, Sr. Ricardo, pôr à prova de fogo as minhas convicções éticas, pondo num jogo perigoso tudo o que a mulher vale no mercado do amor. Sou uma mulher diferente e lutarei contra as evasivas da vossa moral elástica, que acorrenta a mulher à escravidão de costumes seculares.

RICARDO
Bem, bem, Elena, deixe de sermões agora. Você toma a vida muito a sério e por isso vê tudo preto. A vida é diferente; a vida é toda azul. Falemos de coisas alegres.

ELENA
(*depois de pequena pausa*)
Tem razão. Que boba que eu sou! (*gargalhando a gosto*) – Ah! Ah! Ah!... Falar de coisas sérias a um homem destes... Ah! Ah! Ah!... A vida é toda azul... Ah! Ah! Ah!...

RICARDO
Você é o demônio em pessoa. Agora leva-me para o ridículo!

ELENA
Não, Sr. Ricardo. Quero seguir o seu conselho. A vida é azul... Ah! Ah! Ah!... Tomando a vida a sério se vê tudo preto. Preto como o coração de algumas pessoas... Ah! Ah! Ah!...

RICARDO
(*exasperado*)
Vamos parar com essas gargalhadas, já estão me fazendo mal...

ELENA
Pelo que vejo o senhor se considera vencido?

RICARDO
Não, vencido não. O que estou é farto de esperar. Você não disse que aceita a minha proposta?

ELENA
Sim, aceito a sua proposta, mas tenho condições a estabelecer.

RICARDO
Pois então fale e não me torture mais. Já disse quais são os meus desejos, e cada minuto que passa maior é a paixão que sinto por você. Fale, por favor, fale.

ELENA
Parece que agora não sou eu quem toma a vida a sério...

RICARDO
Fale... ou beijo-a... Uma das duas.

ELENA
E parece-me, também, que o senhor quer cobrar adiantado o "trabalho jurídico" que me oferece.

RICARDO
(*dando uns passos*)
Vamos parar com isso, Elena. Olhe que não respondo por mim. (*volta a ela*)

ELENA
(*como que segurando-lhe o gesto e rindo*)
Não se atreva, não se atreva sem antes haver concluído o nosso contrato. Senão, farei como os gatos: arranho-lhe a cara. (*ri gostosamente*)

RICARDO
Vê como você é ingrata. Eu lhe ofereço beijos e você me promete arranhões. Esta não é maneira de corresponder a um homem.

ELENA
Um homem?! Ah! Ah! Ah!... um homem! Tenho certeza que se passasse Diógenes ao seu lado não o veria.

RICARDO
Outra vez? Volta de novo a pôr-me em ridículo? Não sei como não perco a paciência.

ELENA
Ah! Ah! Ah!... antes que a perca vamos terminar o nosso contrato. Em duas condições concretizo o que pretendo. Como primeira, exijo um certificado assinado pelo senhor onde se ponham a salvo as qualidades morais e profissionais de meu pai.

RICARDO
Está bem, farei o certificado que me pede. Adiante.

ELENA
A segunda é saber quando será meu pai posto em liberdade.

RICARDO
Quando você queira.

ELENA
Esta noite mesmo.

RICARDO
Não, amanhã. Esta noite quero queimar meus lábios no fogo de sua boca. Quero apagar a sede que me devora no manancial de seus encantos. Espera-me?

ELENA
Sim, espero-o. (*vai até à porta*) – Até logo, verdugo. (*ri*)

RICARDO
Até logo, tirana.

ELENA
(*da porta*)
Não se esqueça. No momento do nosso encontro quero receber de suas mãos o certificado que salvaguarde a personalidade de meu pai.

RICARDO
Sim, pode ir tranquila. Levá-lo-ei. (*Elena sai pelo fundo*)

RICARDO
(*faz ligação telefônica*)
Quem fala?... O meu advogado está em casa?... Diga-lhe que logo passarei por aí para liquidar o assunto daquele operário preso por minhas ordens... Obrigado.

Cena IV

Ricardo e Gregório

Gregório
(*que entrou enquanto Ricardo telefonava*)
Acredito que o senhor foi bem-sucedido em seus propósitos. A moça denunciava cordialidade.

Ricardo
Não me faça perguntas. Começo a sentir remorso do que fizemos.

Gregório
Ué! Remorso?! Eu pensei encontrar o senhor pulando de contentamento.

Ricardo
Pois, não foi assim. Algumas das palavras que me disse essa moça fizeram-me tremer a alma.

Gregório
E o senhor ainda tem alma?

Ricardo
Que quer dizer com isso?

Gregório
Quero dizer que, se o senhor tem alma, percebeu um pouco tarde. Depois daquele ardiloso plano que pôs em prática para conseguir as carícias dessa moça, falar em alma parece supérfluo. Faça como eu, Sr. Ricardo; siga sempre adiante, não se detenha

a contemplar a vida se não quer perecer. (*com ares de filósofo*) – A vida é como uma locomotiva; quem se detém a contemplá-la em meio do caminho, a locomotiva esmaga-o.

RICARDO
(*olha de repente Gregório e admirado*)
Onde você aprendeu isso?

GREGÓRIO
Ah! Eu também sei pensar. Penso a meu modo, mas penso.

RICARDO
É a primeira vez que ouço você dizer uma coisa séria. (*repetindo*) – A vida é como uma locomotiva; quem se detém a contemplá-la em meio do caminho, a locomotiva esmaga-o. (*ri*) Ah! Ah! Ah! Pois, apesar de você ser um estourado, seguirei o seu conselho.

GREGÓRIO
Obrigado pelo elogio.

RICARDO
Agora vá jantar e volte para arrumar-me o carro para as dez.

GREGÓRIO
Sim, senhor.

RICARDO
Veja bem, Gregório, no carro deve haver um vidro de água-de-colônia. Depois de limpo, perfume-o um pouco.

GREGÓRIO
Está bem, Sr. Ricardo. Para as dez o senhor terá o carro limpo e perfumado. Faço votos que a sorte e a felicidade o acompanhem esta noite e sempre.

RICARDO
(*sentado e pensativo*)
Obrigado, Gregório, obrigado.

(*Pano rápido*)
FINAL DO PRIMEIRO QUADRO DO PRIMEIRO ATO.

Segundo quadro do primeiro ato

(*O cenário apresenta-se em duas partes: a metade da direita representa uma ante-sala, tendo ao fundo um piano. À direita, uma porta praticável. Pertences de uma sala decente. A outra metade, a da esquerda, representa um pátio, tendo ao fundo um portãozinho praticável e, à esquerda, uma porta que dá entrada a uma casa de bom aspecto. Hora crepuscular. Surge o luar. Aparecem Elena ao piano e Ludovico ao violino, executando a "Serenata" de Schubert.*)

Cena I

LUDOVICO *e* ELENA

ELENA
(*finda a execução, explode em copioso pranto*)

LUDOVICO
(*surpreendido, deixa o violino sobre o piano.
Acende a luz e, abraçando Elena, põe-na de pé*)
Que é isso, Elena? Por que chora? Não me disse que seu pai sai amanhã do cárcere?

ELENA
(*soluçando, responde "sim", com a cabeça*)

LUDOVICO
E então? Que estranha alegria é essa? Vamos, diga-me por que está chorando? Sim, por que esse pranto assim repentino? Algo tem de ser.

ELENA
Não, Sr. Ludovico, não é nada. Só tenho vontade de chorar.

LUDOVICO
Só isso? Só vontade de chorar?

ELENA
(*novamente confirma com a cabeça*)

LUDOVICO
Ouvi dizer, Elena, que o pranto é o único bálsamo que reconforta a alma, posto que é na alma que se depositam os resíduos dos nossos sofrimentos. Ali juntam-se, crescem, avolumam-se tanto, tanto, que a alma sente-se pequena para contê-los e estala como se fosse uma bomba. E, quando a bomba estala, não há outro remédio senão chorar. Poucas vezes chorei em minha vida. Prefiro rir. Mas o riso, Elena, asseme-

lha-se muito ao choro. Por isso, quando rimos demasiado, aparecem lágrimas em nossos olhos, como se fossem rebentos de nossas próprias almas. Vá, meu bem, vá para seu quarto e chore em silêncio, que ninguém o saiba, que ninguém a veja. A sua dor é indiferente para todos. (*Elena sai pela direita*)

Cena II

Ludovico *e* Padre André

Padre
(*que se introduziu pouco antes de Elena sair*)
Sr. Ludovico, boa noite.

Ludovico
Oh! Padre André! (*dá-lhe a mão*) – Sinto-me grato em apertar-lhe a mão.

Padre
Obrigado, obrigado. E quero já pedir-lhe mil desculpas por haver entrado aqui quase em silêncio. Fiz isso pela amizade que temos, senão...

Ludovico
A casa é sua, padre André.

Padre
Agradeço, agradeço. Quando cheguei, estavam executando essa maravilhosa sonata que sensibiliza o coração de todos os que a ouvem. Não quis importuná-los. Esperei ali fora e, confesso, senti-me

transportado a regiões desconhecidas, olvidando-me, por alguns momentos ao menos, deste vale de lágrimas.

LUDOVICO
Obrigado pela referência, padre André.

PADRE
E, por falar em lágrimas, quando aqui entrei percebi que a menina estava chorando e a bom pranto. Eu disse cá comigo: "Bem-feito pela reprimenda. O professor deve ser algo severo com os discípulos, especialmente em matéria musical, essa arte que exprime os sentimentos humanos."

LUDOVICO
O senhor disse bem. A música é a linguagem das almas. Mas, no que se refere à menina, devo dizer-lhe que jamais lhe faria uma reprimenda. Já tem sofrido bastante.

PADRE
Por que choraria, então, essa menina?

LUDOVICO
São segredos de cada um, padre André. A vida humana dá mais voltas que uma bicicleta rodando e, à força de tantas e tantas voltas, tornou-se um mistério que quase não compreendemos.

PADRE
Os mistérios pertencem a Deus, Ludovico.

LUDOVICO
Estou por dizer-lhe que, se há Deus, esqueceu-se do mundo.

PADRE
Como, Ludovico? O senhor abriga dúvidas sobre a existência de Deus?

LUDOVICO
Não me sinto muito forte nessa matéria, mas, se Deus existe, estou em desavença com ele.

PADRE
Que ouço, santo Deus, que ouço!

LUDOVICO
E tenho fortes razões para isso.

PADRE
Não diga heresias, homem.

LUDOVICO
Digo o que sinto, se é heresia a culpa não é minha.

PADRE
Parece incrível que o organista duma igreja tenha setenta por cento de herege metido no corpo.

LUDOVICO
Calcule o cem por cento e não ficarei zangado por isso.

PADRE
Eu disse setenta por cento porque o senhor toca em minha paróquia.

LUDOVICO
Eu toco em sua paróquia porque creio que a música, assim como não tem pátria, não tem religião. A música é universal! Imensamente grande como o oceano, é infinita como o espaço. Toco em sua igreja como já toquei tantas vezes em meio de um bosque, tendo como únicos espectadores e ouvintes os pássaros e as borboletas. Tomando as suas palavras ao pé da letra, se um dia tocasse eu à beira de uma lagoa, havia de ser jacaré? Que acha? Um jacaré tocando violino!

PADRE
(*rindo*)
Ah! Ah! Ah... Muito engraçado isso. O meu amigo Ludovico feito jacaré à margem duma lagoa... Ah! Ah! Ah!...

LUDOVICO
Engraçado não é isso. Engraçado é o que realmente me sucedeu.

PADRE
Conte, conte, deve ser divertido.

LUDOVICO
Sentemo-nos, então. (*sentam-se*) – O senhor, padre André, conhece-me de há pouco, mas eu, em minha juventude, fui sempre de espírito irrequieto e

ainda o sou apesar de estar um tanto maduro. A monotonia me afoga e para não morrer de tédio salto por cima dos costumes e faço aquilo que quero. Já dei muitas cabeçadas por isso; mas eu sou como aquele que diz: mais vale um gosto que um susto. Padre André, o senhor será capaz de adivinhar o que se me meteu na cabeça, certa vez?

PADRE
Quem pode adivinhar as suas intenções? Eu pensei que fosse um devotado católico e o senhor me saiu um herege feito e direito...

LUDOVICO
Tenho as minhas razões, padre André, e vou contar-lhe só uma das tantas peripécias que sofri sendo eu um fervoroso crente, um devotado católico, como o senhor diz. Estudava, naquela ocasião, química e, seduzido pelos milagres que esta ciência realizava, quis experimentar uma reação. O resultado foi estupenda explosão, três costelas quebradas e o nariz achatado. (*mostra o nariz*) – Se o senhor reparar bem há de ver que tenho o nariz um pouquinho assim, não sei como...

PADRE
É sim, reparando bem, o seu nariz está um pouquinho assim, não sei como... Mas, Sr. Ludovico, não acha algo exagerado indispor-se com Deus por tão pouca coisa?...

LUDOVICO
Pouca coisa? Três costelas quebradas e o nariz achatado, é pouca coisa?

PADRE
Deus sabe o que faz, Sr. Ludovico, Deus sabe o que faz.

LUDOVICO
Pois comigo andou sempre errado. Porque, não pense que terminou aí a minha odisseia. Depois dessa hecatombe química, apaixonei-me perdidamente pela música e a ela entreguei-me com todo o ardor que abrigava em minha alma jovem e sonhadora.

PADRE
Em música, suponho, teve o senhor melhor sorte. Muitos triunfos o esperariam.

LUDOVICO
Não, não me esperaram. Ouça: estudei com dedicação alguns anos e, quando já me senti seguro e dono de alguns temas musicais, decidi dar um concerto num teatro. Depois dos preparativos, chegou o dia do grande acontecimento. Aquela noite o teatro oferecia a meus olhos a visão de um verdadeiro paraíso. Tudo, ali dentro, parecia etéreo e sobrenatural. Pela manhã, tive o cuidado de confessar-me, não fora algum pecado deitar a perder o meu sonho de artista.

PADRE
Assim, assim. Tenho certeza que sua alma, naquele momento, assemelhava-se a uma pomba.

LUDOVICO
Quando entrei no palco, profundo silêncio cobriu a salva de palmas que me acolheu. Todas as mi-

radas convergiram para mim e eu tive a impressão de que aquelas centenas de olhos que me fitavam estavam fortemente amarradas às cordas do meu violino. Enchi-me de coragem. Tomei posição diante do público e, com certa elegância...

PADRE
(*interrompendo*)
Começou?!

LUDOVICO
Não, não comecei. Tive tão pouca sorte que, ao primeiro impulso do meu dedo, quebrou-se a primeira corda. Que pensa o senhor que fez o público?

PADRE
Homem... não saberei dizer...

LUDOVICO
Aplaudiu-me!

PADRE
Aplaudiu-o?

LUDOVICO
Sim, aplaudiu-me. Tomei de novo ânimo e tentei fazer alguma coisa com as cordas que me restavam. Mas foi só pousar o arco sobre a outra corda e lá se foi também, feita pedaços. Quebraram-se precisamente as duas cordas indispensáveis ao tema que eu havia escolhido. Senti uma aguilhoada no cérebro que quase morri de repente. O público não compreendia a tempestade que se agitava dentro de

mim. Os espectadores puseram-se de pé e delirantemente redobraram de aplausos.

PADRE
E por que tantos aplausos?

LUDOVICO
Porque pensaram que eu queria fazer o que fazia Paganini, que quebrava as cordas e, com a última que lhe ficava, encantava os ouvidos e fazia chegar o público ao delírio.

PADRE
Que público exigente!

LUDOVICO
Exigente?! Neurótico, digo eu. Todas as cores que compõem o arco-íris desfilaram por meu rosto. Por várias vezes senti que ia cair desmaiado. O senhor calcule que situação a minha.

PADRE
Sim, eu calculo o que lhe correria ao senhor pelos calcanhares naquele momento.

LUDOVICO
Não... perdão, padre André. Pelos calcanhares não me escorria nada.

PADRE
Isto é... quero dizer que tenho uma vaga idéia da situação embaraçosa em que o senhor se encontrava.

LUDOVICO
Ah! bem; isso sim. Como o senhor falou em calcanhares eu entendi que... vamos, a situação era embaraçosa mas não deu para tanto...

PADRE
Antes assim. Porque o senhor teve tão pouca sorte em tudo, que bem podia ter-lhe sucedido alguma coisa que cheirasse mal.

LUDOVICO
E sucedeu. Saí de lá cheirando mal.

PADRE
(*insinuando*)
Como?! Então, o senhor?...

LUDOVICO
Não, padre André, não! (*à parte*) – E meteu-se-lhe na cabeça que eu... (*ao padre*) – O que se deu foi isto: quando o público percebeu que eu havia fracassado, atirou-me uma majestosa carga de ovos podres, que o traje preto que eu vestia ficou amarelo e pestilento. Saí correndo pelas ruas, e, julgando-me louco, levaram-me preso.

PADRE
Preso?!

LUDOVICO
Preso, sim senhor. Ah! Mas logo me soltaram. Aquele cheirinho que me acompanhava não agradava a ninguém.

PADRE
Para um coração nobre como o seu, não me explico tanta adversidade.

LUDOVICO
O que eu não me explico é onde aquela gente foi buscar tantos ovos daquela marca, para mos jogar em cima, que ainda tenho aquele maldito cheirinho metido aqui nas narinas.

PADRE
Todas as grandes realizações levam em seu bojo grandes obstáculos. Mas a providência chega sempre a tempo.

LUDOVICO
Pois para mim não chegou, porque me puseram mais amarelo do que um canário.

PADRE
No entanto, agora o senhor leva a vida serena como uma barquinha de velas. Sua casa tem algo de celestial; desde a porta sente-se o influxo da providência divina.

LUDOVICO
Com essas palavras põem os frades água benta onde não é preciso. A providência atribuída a uma força sobrenatural não é mais que o resultado da energia da alma e da inteligência humana. É uma combinação espontânea de efeitos imprevistos que atuam na vida de relações. A providência divina, em última análise, é o fato concreto dos imperativos de-

terminados pelo mecanismo social. (*à parte*) – Acho que agora falei alguma coisa importante.

PADRE
Já se meteu em filosofia, exatamente um terreno em que poucas vezes gosto de pisar.

LUDOVICO
Já sei, já sei. O senhor gosta mais do latim.

PADRE
Sim, na verdade, gosto do latim e dum vinhozinho que recebi há dias e que sabe muito bem ao paladar. Acho-o sublime! Gostaria que o senhor o provasse para ver se a sua opinião coincide com a minha.

LUDOVICO
Sobre esse assunto não tenho opinião. De vinho não entendo nada.

PADRE
Ao vinho não há que entendê-lo, há só que o beber. Ele mesmo diz o que é. Conforme o efeito, assim a qualidade.

LUDOVICO
Receio do vinho justamente pelo efeito.

PADRE
Não há pretexto que valha. É a primeira vez que o convido e há de ver que nos entenderemos melhor do que em filosofia. É um trago prodigioso! Rejuvenesce o espírito e galvaniza as energias. Na nossa

idade é quase obrigatório um traguinho desse maravilhoso líquido.

LUDOVICO
Pois que vá. O que é soará.

PADRE
Para que o senhor veja que tenho gosto nessas coisas, acompanharemos o vinho com uma torta de ovos.

LUDOVICO
Oh! Por favor, padre André, não me fale de ovos.

PADRE
Perdão, perdão, Sr. Ludovico. Não pensei que entre o senhor e os ovos houvesse tanta distância. Mas tenho outras coisinhas ali. Tenho presunto, salsichas e um bom queijo.

LUDOVICO
Tudo, menos ovos.

PADRE
Combinado. Apanhe o seu chapéu e vamos. Ah! Já esquecia o verdadeiro motivo da minha visita. Amanhã, tenho missa cantada às oito. Nela o senhor tocará a "Ave Maria" de Schubert, em lugar da música de costume.

LUDOVICO
Mais uma alma que deve ser conduzida à etérea mansão celeste. A música tem essa virtude: aproxima as almas e o céu.

PADRE

O senhor é um herege na interpretação mais fiel da palavra.

LUDOVICO

Um herege que noutros tempos teria ardido em praça pública e hoje é convidado a salvar as almas perdidas. Como mudam os tempos!

PADRE

E com os tempos a Igreja, também, fez os seus progressos.

LUDOVICO

Não parece.

PADRE

Não parece, por quê?

LUDOVICO

Porque os senhores ainda vão envoltos nessas roupagens que, a certa distância, não se sabe se são homens ou mulheres.

PADRE

Sr. Ludovico, Sr. Ludovico... Sempre incorrigível. (*ambos riem*)

LUDOVICO

Sempre amigo, padre André, sempre amigo. Vou buscar o chapéu e sairemos já. (*sai pela esquerda*)

Cena III

Padre André e Valeriana

Valeriana
(*trazendo as mãos cheias de embrulhos, cestas, caixas, etc.*)
Ah! Ah! Não posso mais. Que coisa. Como custa chegar à casa da gente, no meio de tanta gente e com os bondes cheios de gente. Oh! gente!

Padre
Deus te salve, Valeriana!

Valeriana
Oh! Reverendo! Perdoe-me, não o vi. Venho sem fôlego. De tanto ar que soltei pela boca sinto meus pulmões murchos como dois figos. (*respira*)

Padre
(*dando-lhe uma cadeira*)
Senta, Valeriana, senta; não te vá dar alguma coisa que me ponha em apuros. Sou inimigo de atribulações, principalmente quando se trata de mulheres.

Valeriana
(*agitando-se*)
Ah! Ah! Pois eu sinto que vai dar-me alguma coisa. Ah! Ah!

Padre
Por Cristo Redentor, Valeriana. Não faz isso. Alguém pode pensar que...

Valeriana
Pensar o quê?

Padre
Que te beijei... que...

Valeriana
Oh! Que grande novidade. O senhor já me beijou muitas vezes.

Padre
Bem, bem; mas ninguém o sabe. Só nós dois é que sabemos. Além disso, quando te beijei nunca sentiste desmaios.

Valeriana
Pois agora sentiria.

Padre
Isso é sério, Valeriana?

Valeriana
É sério e muito sério. Agora tenho namorado e não quero brincadeiras comigo.

Padre
(despeitado)
Ah! Tens namorado!!! Por isso não apareceste mais na igreja! Hein! Bem que eu estava desconfiado. Quando se tem namorado, esquece-se os mandamentos e perde-se a devoção. O demônio está à tua espreita, Valeriana.

Valeriana
Vai me enganar que não vou casar por isso?

Padre
Que tem que ver uma coisa com outra? Casa-te em santa Páscoa. Mas fugir da casa divina, onde as orações purificam as almas pecadoras, é imperdoável, imperdoável, compreendes?! E não te esqueças, Valeriana, que sou teu confessor e já faz dois meses que não te confessas.

Valeriana
Mas eu não tenho pecados, padre André.

Padre
Impossível! Impossível! Namorando sem pecados? Não, isso não pode ser.

Valeriana
Bom, algum pecadinho eu tenho; mas pequenino.

Padre
Ah! Viste como tens pecados? Viste? E como te atreves a ocultar alguma coisa ao confessor? Não sabes que eu conheço a vida por dentro e por fora? (*muda de tom*) – Valeriana, dize-me uma coisa, teu namorado já te pegou a mão?

Valeriana
(*abaixa a cabeça envergonhada*)

Padre
Vamos, dize a verdade, já pegou, não é?

VALERIANA
(*diz sim com a cabeça*)

PADRE
(*pegando-lhe a mão*)
Como ele fez? Assim, não é?

VALERIANA
(*responde com a cabeça*)

PADRE
(*acariciando-lhe a mão*)
E depois fez assim, não é?

VALERIANA
(*ainda responde com a cabeça*)

PADRE
(*suspirando*)
E depois fez assim... assim... e assim, não é, céu azul? (*acariciando-lhe a mão, o braço e o cabelo*)

VALERIANA
(*faz sim com a cabeça, graciosamente*)

PADRE
(*olhando em redor*)
E, vida minha, assim também? (*abraça-a*)

VALERIANA
(*gritando*)
Ai! Que é isso, padre André? O senhor quase me quebrou os ovos.

PADRE
Que ovos, menina?

VALERIANA
Os ovos que levo aqui. (*indica o peito*)

PADRE
Mas aí é lugar de guardar ovos, menina?

VALERIANA
É o lugar mais seguro que tenho para que o senhor Ludovico não os veja. De ovos, ele não quer nem ouvir falar. Foi a recomendação que me fez quando entrei como criada nesta casa. Quando quero comer ovos, devo valer-me deste expediente.

PADRE
Bem, nesse caso, perdoa-me. Longe estava eu de imaginar que o expediente fosse precisamente esse.

VALERIANA
Longe estava eu, também, de pensar que um frade não soubesse frear certos impulsos atrevidos.

PADRE
Mas que tem isso, Valeriana? Alguns beijinhos soltos e uns apertõezinhos de vez em quando, que mal fazem a ninguém?

VALERIANA
O senhor pensa que eu tenho armazém de beijos e abraços? Já disse que tenho noivo e não quero histórias comigo.

Padre
Que tem que ver uma coisa com outra?

Valeriana
É o que vou perguntar a meu noivo.

Padre
Como? Que disseste, Valeriana?!

Valeriana
Que vou perguntar ao meu noivo se eu posso dar "beijos soltos e abraços" quando o senhor queira.

Padre
Por todos os santos do mundo, Valeriana, não faças isso. Queres mandar-me para o céu antes do tempo. Não, Valeriana, eu disse isso assim, brincando. E acreditaste? (*rindo*) Ah! Ah! Ah! Então não sabias que eu gosto, às vezes, de dizer bobagens? Ah! Ah! Ah!

Valeriana
Bobagem nada, padre André; o senhor avançou mesmo.

Padre
Bobagem, sim, bobagem. E para que te convenças, no dia de teu casamento hei de dar-te uma bênção grande como o mar.

Valeriana
Que não seja tão grande, padre André, porque posso afogar-me.

PADRE
Ah! Também gostas de brincadeiras, hein? Marota...

LUDOVICO
(*fora*)
Valeriana! Ó Valeriana!

VALERIANA
Oh! Está me chamando. (*recolhe os embrulhos precipitadamente e corre para a esquerda, chocando-se com Ludovico que vem entrando*)

Cena IV

Os mesmos e LUDOVICO

LUDOVICO
(*entrando*)
Onde estará esta menina? (*esbarram-se Ludovico e Valeriana*)

VALERIANA
Ai! Pronto, lá se foram os meus ovos! (*pondo as mãos no peito*) – Todos quebrados!

LUDOVICO
Que foi, menina? O que é que está quebrado?

VALERIANA
Nada, nada. (*à parte*) – Estou feito uma fritada. (*caminha com as pernas tesas*)

LUDOVICO
Mas que foi, Valeriana, machucou-se?

VALERIANA
Não sei, não sei. Sinto uma coisa que me anda pelo corpo, que desce, desce...

LUDOVICO
Você me assusta, Valeriana, você me assusta. E é muito que desce?

VALERIANA
(*distraída*)
Meia dúzia... e fresquinhos.

LUDOVICO
(*confuso*)
Meia dúzia e fresquinhos?!

PADRE
(*acomodando a situação*)
Isto é... ela quer dizer que... que faz meia dúzia de anos fresquinhos que lhe dá essa doença de vez em quando. É uma espécie de reumatismo causado por ovos.

LUDOVICO
O senhor está vendo por que é que não gosto de ovos? (*a ela*) – Quer que chame o médico? Pode ser alguma coisa perigosa e depois...

VALERIANA
Não, não. Com um banho de chuveiro e roupa limpa passa tudo. Ah! Os meus ovos, os meus ovos. (*sai arrastando as pernas*)

LUDOVICO
O senhor reparou que doença mais engraçada? Banho de chuveiro e roupa limpa... e passa. Doença dessa espécie para mim é novidade.

PADRE
É sim; realmente é uma doença engraçada. (*tomando-o do braço*) – Mas, vamos andando e eu lhe explicarei certos fenômenos patológicos que se processam no organismo humano.

LUDOVICO
Que não seja muito complicada essa explicação, porque hoje sinto o cérebro algo cansado. Tenho uma turma de alunos que me obriga a fazer... (*saem pelos fundos*)

Cena V

GREGÓRIO *e* VALERIANA

GREGÓRIO
(*entra cuidadosamente. Chega até à porta da esquerda e dá um assobio cômico. Dá alguns passos de espreita e torna a assobiar para Valeriana*)

VALERIANA
(*entra com roupão de banho e a tempo de cortar o assobio*)
Psiu! Demônio! Esse assobio chega até no céu.

GREGÓRIO
Foi lá que eu pensei que você estava, no céu, meu anjo.

VALERIANA
Deixa de gracinhas e outra vez não se meta dentro sem mais nem menos. Já sabe que o Sr. Ludovico não gosta dessas coisas.

GREGÓRIO
Não tenha receio, meu amor; eu vi quando eles saíram e entrei com toda segurança.

VALERIANA
E o que você quer, afinal?

GREGÓRIO
Queria vê-la, meu bem, queria vê-la. E como sei que você gosta de divertir-se, vim convidá-la para dar umas voltinhas por aí.

VALERIANA
Já sabe que não posso sair e deixar isto aqui sozinho. De repente volta o Sr. Ludovico e depois?...

GREGÓRIO
É só um instante; voltaremos logo. Só quero que a lua nos veja juntos e venha até nós para depositar a seus pés todo o esplendor dos seus raios como se fossem pétalas de rosas.

VALERIANA
Não fale assim, Gregório, que me vou derreter.

GREGÓRIO
Tenho inspiração, não acha?

VALERIANA
Mais do que um poeta.

GREGÓRIO
Oh! Se tivessem os poetas uma fonte de inspiração como você, teriam dito coisas que ainda não se disseram. Você, florzinha, é a verdade límpida e cristalina que refulge nas verdes manhãs do outono.

VALERIANA
Se continuar a dar expansão aos pendores poéticos não me deixará tempo para vestir-me. Não vê como estou?

GREGÓRIO
Oh! Não tinha reparado. Se quiser, posso ajudá-la...

VALERIANA
Está ficando atrevido, já reparou?

GREGÓRIO
Quando estou ao seu lado, perco o juízo e sou capaz de qualquer coisa.

VALERIANA
Veja então se é capaz de dizer-me onde me quer levar.

GREGÓRIO
Quero levá-la a dar um bom passeio. Hoje estou "blindado". (*puxa uma nota*) Olha, quinhentos cruzeiros! Dá pra uma boa farrinha.

VALERIANA
(*admirada*)
Quinhentos cruzeiros?! Quem lhe deu esse dinheiro?!

GREGÓRIO
Quem mo havia de dar, princesa de minh'alma? O patrão, naturalmente.

VALERIANA
E proveniente de quê?

GREGÓRIO
Ora, coraçãozinho; arranjos; arranjos que eu tenho com ele.

VALERIANA
Arranjos?! Não, isto não cheira bem. Ontem você veio com duzentos cruzeiros, hoje com quinhentos; está parecendo o dono da indústria pesada; até parece que anda metido no negócio do petróleo. Gregório, exijo que me ponha em claro a proveniência desse dinheiro.

GREGÓRIO
Mas, tesouro, você deve compreender que eu mantenho cordiais relações com o dinheiro. Nunca briguei com ele, e não há de admirar-se se uma nota de quinhentos cruzeiros der um passeiozinho pelos meus bolsos.

VALERIANA
Você está pensando que os cruzeiros são baratas que andam passeando.

GREGÓRIO
Mas, meu amor, você está esquisitona hoje.

VALERIANA
Estou disposta a saber de onde saiu esse monte de cruzeiros que anda passeando em seus bolsos.

GREGÓRIO
Mas que coisa, Valeriana, você pensa que... (*ouve-se uma buzina de automóvel*)

VALERIANA
Quem será? (*soa novamente a buzina*)

GREGÓRIO
É o Sr. Ricardo, meu patrão.

VALERIANA
O seu patrão?! E o que procura por estes lados?

GREGÓRIO
Busca, como eu, o complemento indipensável à perpetuação da espécie. Ele procura a fonte milagrosa onde apagar a sede que lhe queima a alma. E eu procuro a musa inspiradora que faça soar a harpa da minha felicidade.

VALERIANA
Pois, meu amigo, não serei eu que farei soar a sua harpa. Não tenho talento musical.

GREGÓRIO
Não diga isso, florzinha. Não me tire a esperança de fundir as nossas almas no fogo eterno do amor.

VALERIANA

Francamente, Gregório, estou achando tudo isto bastante misterioso. (*ouve-se rumor pela porta da direita*) – Oh! Vem gente! Esconda-se, depressa. (*saem pela esquerda e ficam espreitando*)

ELENA

(*entra pela direita. Passeia algo nervosa, vestindo as luvas. A buzina soa outra vez e Elena sai pelo fundo. Valeriana e Gregório voltam à cena*)

VALERIANA
(*aludindo a Elena*)
Então, era ela a fonte milagrosa que procurava o seu patrão?

GREGÓRIO

Era.

VALERIANA

E como você sabia disso?

GREGÓRIO

Como não vou saber se fui eu que... que...

VALERIANA

Quê?... Outro mistério como a nota de quinhentos? Pois, entre nós, está tudo acabado. Ou fica tudo isso claro como a luz do dia, ou pode ir para a rua agora mesmo.

GREGÓRIO

Valerianinha, meu amor, não fique assim. Eu... eu não sei que dizer...

Valeriana
Pois eu sei o que digo. Não quero relações com pessoas de vida duvidosa. Ou você esclarece essa trapalhada, ou está demais em minha presença. Escolha.

Gregório
Está bem, não precisa ficar assim. Vou dar prova de que gosto loucamente de você. Vou contar-lhe tudo direitinho.

Valeriana
Sem rodeios e sem mistérios.

Gregório
Ouça, então. (*contando*) Quando a Elena foi trabalhar no escritório da fábrica, o Sr. Ricardo ficou entusiasmado por ela e queria conquistá-la a todo custo. Não se atrevia, porém, porque o pai dela também trabalhava ali.

Valeriana
Não se atrevia por quê? Se as intenções eram boas...

Gregório
Aí está o ponto nevrálgico da questão. As intenções do Sr. Ricardo eram dessas que não medem responsabilidades. E, como o pai de Elena era um estorvo, pensou-se em tirá-lo do meio. Assim foi, com efeito. O plano consistiu em pôr nos bolsos do pai de Elena alguns papéis comprometentes. A polícia, que foi chamada a tempo, não fez mais que chegar e

achar o responsável do simulado roubo. O resto é fácil adivinhá-lo. Elena desamparada. O Sr. Ricardo ofereceu-se para protegê-la e tirar-lhe o pai da cadeia. E aí estão juntinhos e tudo acomodado.

VALERIANA
Você também tomou parte nessa empresa?

GREGÓRIO
Naturalmente! Você já sabe que eu sou pessoa de confiança do Sr. Ricardo.

VALERIANA
E essas notas de duzentos e quinhentos cruzeiros, é ele que lhas dá?

GREGÓRIO
Dá-me, não. Dava-me. Esta nota de quinhentos foi a última.

VALERIANA
Você não acha que isso que é uma infâmia?

GREGÓRIO
Pois claro. Onde se viu, depois do favor que lhe fiz, dizer-me que não tem mais dinheiro.

VALERIANA
Estou dizendo, se não acha uma infâmia o que vocês dois fizeram; você e o Sr. Ricardo?!

GREGÓRIO
Mas, meu amorzinho, o que você está dizendo?

Valeriana

Digo que você é um miserável, um sem-vergonha capaz de vender a sua consciência por meia dúzia de cruzeiros. O que vocês fizeram a essa moça e a esse velho não tem qualificativo. Estragaram-lhe a vida!

Gregório
(*indiferente*)

A vida! A vida é como um jogo de azar; todos não podem ganhar; alguém tem de perder.

Valeriana

Estupenda maneira de conceber a vida! Só você e seu patrão poderiam criar tal conceito. Amanhã direi a todo mundo o que vocês fizeram.

Gregório
(*acende a luz*)

Valeriana! Você me compromete. O Sr. Ricardo seria capaz de tirar-me a vida.

Valeriana

A vida! A vida é como o jogo de azar, todos não podem ganhar; alguém tem de perder. Você disse isso agora mesmo. E, para terminar, pode tomar o rumo da rua.

Gregório

Mas, Valeriana!

Valeriana

Rua!!! (*Gregório, cabisbaixo, encaminha-se*) Rua! (*Gregório sai pelo fundo*) A vida é, realmente, um jogo de azar; quem ganha ri, quem perde chora. (*apaga a luz e sai pela esquerda – O luar, fora, embeleza a noite*)

Cena VI

LUDOVICO

LUDOVICO
(*entra pelo fundo, bêbedo, falando sozinho*)
Por... por isso não gosto dos padres. Tonteiam a gente. Às vezes com o latim, às vezes com o vinho. Pra mim foi com as duas coisas. Beba, Sr. Ludovico, beba, Sr. Ludovico, e acabei ficando assim. Agora vá se saber como andam as coisas pelo mundo. (*soam dez horas. Ludovico acompanha com o dedo*) Dez horas. Ainda é cedo. A lua brilha contente como o coração de um homem quando dá o primeiro beijo na mulher amada. O primeiro beijo! Porque os outros (*ri*), os outros brilham cada vez menos até que se acabam por completo. (*acende um cigarro*) É uma fatalidade! O coração da gente quer girar como o sol. Não o deixam. Por isso, por isso os beijos se apagam e o coração escurece. (*olha para a lua*) A lua. Que linda. A grande inspiradora dos poetas. Engraçado. Os poetas falam com ela; contam-lhe as suas dores, os seus sofrimentos, os seus sentimentos. Ditosos eles que têm a quem contar as suas apreensões. Há alguém pelo mundo que não tem nem uma estrela pequenina para confiar-lhe as suas penas. Alguém que leva o coração sempre vazio como um

bombo. (*dirige-se ao piano*) Vazio como um bombo. (*senta-se ao piano*) Como um bombo. (*com profunda tristeza. Começa a tocar com expressão melancólica e sentimental o "Sonho de Amor", de Liszt*)

(*Cai lentamente o pano.*)

SEGUNDO ATO

(*O mesmo cenário do segundo quadro do primeiro ato. Manhã cheia de sol.*)

Cena I

TOMÁS *e depois* ELENA

TOMÁS
(*passeia gozando o ambiente e fumando*)

ELENA
(*entrando pela direita*)
Bom dia, papai.

TOMÁS
Bom dia, filha, bom dia.

ELENA
Passou bem a noite, papai?

Tomás
Faça uma ideia, filha. Só o fato de saber que já estou em liberdade, e ao seu lado, tranquiliza-me completamente o coração. Mas meus olhos só veem grades de ferro por toda parte.

Elena
Isso há de passar, papai. Bastará que o senhor estenda a vista para o horizonte vasto e interminável para que seus olhos sintam a impressão viva e real da liberdade. Depois disso, estou certa, sentir-se-á livre da lembrança que traz daquele sepulcro onde se afundam os homens, na esperança de que se tornem bons. Esquecem que, no fundo, ninguém é mau. Há causas que determinam o choque violento das paixões humanas. E ai daquele que seja apanhado por essa força invisível que esmaga e tritura.

Tomás
Sim, filha, sim... ai daquele que seja apanhado por essa força invisível que esmaga e tritura. Eu fui; e ainda não pude compreender como fui parar na cadeia, estupidamente acusado de ladrão. Não sei o que devo supor: se um engano ou uma infâmia. (*muda de tom*) Elena, você chegou a duvidar de mim alguma vez?

Elena
Não, papai, nunca.

Tomás
E os outros? Os amigos, os conhecidos, o mundo, enfim?...

ELENA
Além do Sr. Ludovico, que me acolheu em sua casa como a uma filha, os demais fugiram de mim como se foge de um cachorro louco.

TOMÁS
(*cobrindo o rosto com as mãos*)
Que vergonha! Passar por essa humilhação, sem culpa, é algo doloroso.

ELENA
Não se aflija, papai. O mundo é inclinado a rir-se da desgraça alheia, porque dessa forma esconde a própria desgraça.

TOMÁS
Admiro as suas palavras, filha; mas há feridas que não saram com palavras. Os nossos antepassados legaram-nos costumes, preceitos e sentimentos que não podemos atirar como se exala um suspiro. E quando essas condições fundamentais que formam o nosso caráter e a nossa moral são mergulhadas no pântano da desonra, quase que é supérfluo viver.

ELENA
Não diga isso, papai. A razão humana deve sobrepor-se à cegueira dos costumes. As coisas devem ser vistas sob um prisma amplo, racional e humano.

TOMÁS
Palavras, Elena, que não resolvem a minha situação. Como me apresentarei a essa gente que crê firmemente que eu fui um ladrão? Quem há de dar-me

trabalho sabendo da acusação que pesa sobre mim? É para endoidecer... é para endoidecer...

ELENA

Não desespere, papai, eu pensei em remediar essa situação. Espere. (*sai pela direita e volta em seguida*) Tome. Com isto o senhor poderá convencer a quem quer que seja de que nunca foi ladrão. (*dá-lhe uma folha escrita*) A mesma pessoa que o mandou prender assina esta declaração pondo a salvo o caráter e a honestidade do senhor.

TOMÁS
(*examina a carta, surpreendendo-se*)
O Sr. Ricardo?! O Sr. Ricardo deu-lhe isto?

ELENA

Não! Eu o exigi, porque estou convencida de que o senhor foi vítima de um ultraje sem igual.

TOMÁS

E ele, o Sr. Ricardo, também pensa assim?

ELENA

Ele pode pensar como quiser; dá na mesma. As nossas consciências devem estar por cima do critério que cada um faça de nós.

TOMÁS

Sim... é verdade... mas, se ele pensasse diferente, não teria assinado este papel!

ELENA
Repito que foi uma exigência minha, porque me senti na obrigação de defender meu pai que sempre foi um operário honesto e limpo em sua conduta.

TOMÁS
Obrigado, filha, obrigado. Mas, de qualquer maneira, sinto-me na obrigação de agradecer ao Sr. Ricardo por este documento que me devolveu o ânimo e a tranquilidade. Como sinto vontade de andar, aproveitarei esta bela manhã para soltar um pouco as pernas que me parecem de pedra. Quero sentir, como você disse, a impressão viva e real da liberdade.

ELENA
Faça como o senhor quiser.

TOMÁS
Sim, filha, sim. As gentilezas devem ser respeitadas e agradecidas.

Cena II

Os mesmos e LUDOVICO

LUDOVICO
(*entrando pela esquerda*)
Oh! Bons dias, bons dias. (*abraçando-se com Tomás*) E então? Já se sente outro?

TOMÁS
Sim, já começo a sentir-me o mesmo de antes.

####### Elena
Sim, na verdade, o mesmo de antes. O papai está muito agarradinho ao passado.

####### Tomás
Não esqueça, Elena, que o passado é pai do presente.

####### Elena
Mas é avô do futuro.

####### Tomás
O que, em boa lógica, quer dizer que sem avô não haveria netos. (*todos riem*) Toma essa agora.

####### Ludovico
O quê! O Sr. Tomás saiu alinhado da cadeia, hein? (*todos riem*)

####### Elena
Alinhado dentro da velha escola. O papai é um perfeito conservador. Tudo quanto cheira a renovação foi sempre criticado por ele.

####### Ludovico
Ah! Mas, então, está equivocado, Sr. Tomás! A educação moderna, por exemplo, feita à base de instrução, suplanta maravilhosamente a disciplina e o castigo. As ciências sociais, que apregoam o apoio mútuo e a solidariedade humana, ultrapassam a velha educação cívica que tragamos há milênios. Os modernos conceitos morais, Sr. Tomás, trazem a aproximação entre os homens, como elemento de progresso.

ELENA

Há um exemplo vulgar que ilustra claramente o que acaba de dizer o Sr. Ludovico: havia, em meio de dois montes de capim, dois burrinhos amarrados um ao outro, puxando cada um para o monte de capim que lhe ficava mais perto. Ora, dessa maneira nem um nem outro conseguia atingir o capim, continuando os dois com os estômagos vazios. Que fizeram, então? A coisa mais natural do mundo. Puseram-se de acordo e, juntinhos, os dois comeram primeiro um e depois o outro monte de capim.

LUDOVICO

Está vendo, Sr. Tomás? Até os burros são inteligentes, quando querem.

TOMÁS

Não se gabe, Sr. Ludovico, não se gabe. As pessoas são como as plantas: algumas curam e dão frutos, outras envenenam e matam.

LUDOVICO

Ah! Perdão, perdão, Sr. Tomás! Que culpa têm as plantas se somos ignorantes e não as conhecemos? Isso que o senhor disse não lhe sucederia a um botânico que as estuda e analisa.

ELENA

É isso que se torna necessário, que cada um seja botânico da vida, para compreendê-la e vivê-la em toda a sua plenitude, sem enganos e sem restrições estultas.

LUDOVICO
(*a Elena*)
Muito bem, menina, muito bem. (*a Tomás*) Sua filha completou o pensamento.

TOMÁS
Esta menina sempre teve um estranho modo de raciocinar. Chega a ser temerária em suas conclusões.

LUDOVICO
É porque pensa. Quando uma pessoa pensa não tem mais remédio que ser temerária. E convenhamos que a temeridade é a progenitora das grandes ações. O heroísmo, as invenções, os grandes descobrimentos, tudo isso se deve à temeridade, a essa força de propulsão que atua dentro de certos organismos como um rio em tempo de enchente.

TOMÁS
Mas, Elena, quando pensa, não é uma enchente, é um furacão.

ELENA
O senhor pensa isso de mim porque vê tudo por um prisma antiquado.

TOMÁS
Está claro, não tenho vinte anos, como você.

ELENA
Como quer que eu tenha cinquenta, então?

Tomás
O que eu quero, filha, é que você não sofra tribulações provenientes dessa maneira de pensar que você tem. Você vive dizendo que os costumes estabelecidos pelos antepassados devem mudar; que a moral contemporânea está em conflito permanente com os imperativos biológicos, fisiológicos e outros tantos nomes que ninguém entende e que você aprende nesses livros que sempre tem entre as mãos, com certas gravuras que noutros tempos teriam feito enrubescer a pessoas mais velhas do que eu.

Elena
As pessoas de outros tempos enrubesciam por costumes.

Ludovico
Não viu? Novamente tem razão a sua filha. Nada de vergonhoso há na natureza. Tudo não passa de restrições absurdas que os povos fazem em suas manifestações éticas. Povos há cujos costumes admitem que, ao viandante que passa e pede hospitalidade, além de casa e comida se lhe ofereça, também, a mulher.

Tomás
Como?! Também a mulher?

Ludovico
Sim, senhor, também a mulher. Os esquimós, por exemplo, praticam esta moral. O senhor, por acaso, duvida?

TOMÁS
Se não fosse o senhor quem me está dizendo isso, duvidaria.

LUDOVICO
Convença-se, Sr. Tomás, que, ao estudar a sociologia dos povos, fica-se horrorizado com a extravagância dos costumes. Temos a obrigação de selecionar os que menos sacrifiquem o corpo humano e os que mais contribuam para a felicidade das pessoas. Os demais, anulá-los por falsos e daninhos.

ELENA
Vê, papai, como não somente eu penso que é necessário reformar a vida?

TOMÁS
Pensando desse modo, você ganha o desdém de muita gente.

ELENA
(*segurando carinhosamente o braço de Ludovico*)
Entretanto, alguns me acolhem como filha.

TOMÁS
Você deve isso ao Sr. Ludovico. E fez bem em falar dele porque ainda não me dei ao trabalho de agradecer-lhe a hospitalidade que nos dá e o acolhimento que deu a você.

LUDOVICO
Ora, vamos. Não gosto de cerimônias. Cada um faz o que pode. Ademais, Elena tem sido para mim

uma boa e inteligente companhia. Porque a Valeriana anda sempre com a temperatura revolta: ou lhe assopra o vento sul, ou o norte. E, quando lhe assopram os dois ventos juntos, é tempestade na certa e ninguém se entende com ela. O senhor diz pão e ela traz cebolas. (*aparece Valeriana pela esquerda, enquanto Ludovico fala, com uma cesta de fazer compras*)

VALERIANA
(*que ouviu as últimas palavras de Ludovico*)
Pão e cebolas? Sim, senhor, vou já... vou já... (*encaminha-se para o fundo*)

LUDOVICO
(*indo buscá-la*)
Vem cá, mulher, vem cá. Quem disse a você pão e cebolas?

VALERIANA
Mãezinha de minha alma!... O senhor não disse pão e cebola?

LUDOVICO
Eu disse pão e cebolas, sim senhora! Mas não disse pão e cebolas para você!

VALERIANA
Vamos trocar isso em miúdo. O senhor disse ou não disse? Em que ficamos? Porque eu ouvi que o senhor disse. E não me diga a mim que o senhor não disse. Porque o senhor disse, disse, disse...

LUDOVICO
Chega, mulher, chega! Está me parecendo a matraca da semana santa. Vá ao armazém e compre pão, cebolas, mexericas, batatas, tamancos, o que você quiser, mas deixe-me em paz!!!

VALERIANA
Pra que tanto barulho, então? O que o patrão estava querendo era comício!

LUDOVICO
Isso digo eu! Podia comprar pão e cebolas sem tropeçar em meus pobres nervos. E vá andando e não me aborreça!

VALERIANA
Vou já, vou já. (*saindo*) Ele disse, depois disse que não disse. Mas não disse, hein? (*sai pelo fundo*)

LUDOVICO
O senhor viu? Tempestade completa! Um perfeito furacão mental! Por sorte que lhe passa logo, senão íamos direitinho ao Juqueri!

ELENA
Vamos, Sr. Ludovico, seja indulgente. Valeriana é uma boa criatura.

LUDOVICO
Claro que é; mas às vezes me faz suar azul. (*Elena e Tomás riem*)

TOMÁS
Decidi dar um passeio. O senhor fica?

LUDOVICO
Não. (*consulta o relógio*) Tenho duas lições a domicílio e chegarei precisamente na hora. Vamos. (*a Elena*) Até logo, Elena.

ELENA
Até logo. Até logo, papai.

TOMÁS
Até já, filha. (*ambos saem pelo fundo – Elena entretém-se em recompor o ambiente. Pouco depois entra Ricardo pelo fundo*)

Cena III

ELENA *e depois* RICARDO

RICARDO
Bom dia, Elena.

ELENA
(*com surpresa*)
O senhor? Que deseja?

RICARDO
Puxa! Que maneira galante de receber a gente!

ELENA
Estou perguntando o que é que o senhor deseja! Porque estou sozinha e...

RICARDO
Sozinha?! Tanto melhor.

ELENA
Tanto melhor?

RICARDO
Sim, porque são esses os meus desejos: estar a sós com você.

ELENA
Pelo que vejo, o senhor se propôs envenenar-me a vida.

RICARDO
Nem pense nisso, menina. O que eu quero é suavizar-lhe a vida e fazê-la feliz. Venho propor-lhe casamento.

ELENA
O senhor está louco?

RICARDO
Isso dizem todos, quando um homem se decide a casar. Mas eu não estou louco. Nunca me senti tão equilibrado como neste momento.

ELENA
Pois eu repito que o senhor está louco!

RICARDO
E eu repito que quero casar com você.

ELENA
Com essa insistência, contra a minha vontade, o senhor me obriga a dizer-lhe mais uma vez que...

Ricardo

Já sei, já sei... (*monologando*) "Que no domínio do coração não lhe interesso; que não sou o tipo que prefere, etc. etc." Já sei isso de cor. Pensei, porém, remediar esse inconveniente. É sabido que cada um de nós tem preferência por um tipo. Uns gostam de moreno; outros, de loiro; uns, de alto, outros, de baixo, e assim por diante. Eu quero saber qual é o tipo que você gosta e comprometo-me a corresponder às suas exigências. Serei branco, moreno, loiro; tomarei banho de leite, injeções de pixe; farei o que quiser, como quiser, mas tem que casar comigo.

Elena

O senhor não me interessa nem branco, nem azul. E creio que já pode retirar-se.

Ricardo

Mas, Elena, você esquece que já foi minha, que a estreitei em meus braços e queimei meus lábios nos seus.

Elena

Nem sequer me lembro.

Ricardo

Nem se lembra?

Elena

Não, não me lembro. Aquilo foi um negócio, uma transação que fizemos. O senhor disse, naquela ocasião, que punha a liberdade de meu pai em minhas mãos, ou melhor, em meu corpo. E para libertar meu pai eu me entreguei quase entorpecida. Que o senhor me beijou? Não sei. Que me estreitou em seus braços? Nada senti. Tinha a alma de neve e o sangue como gelo em minhas veias. De que outra maneira poderia eu suportar semelhante ultraje?

RICARDO
Como você me fere, Elena.

ELENA
Sinto-o.

RICARDO
Não deve ser muito o que sente.

ELENA
O suficiente para compadecer-me do senhor.

RICARDO
Não é isso o que eu quero.

ELENA
É o único que posso dar-lhe.

RICARDO
Brinca com meu coração porque sabe que gosto de você.

ELENA
O senhor esmagou o meu, sabendo que não o quero.

Ricardo
É pena que não me queira, porque seríamos muito felizes. Sou jovem, tenho dinheiro, riquezas...

Elena
Dinheiro, riqueza! Os "filhos de papai" põem logo pela frente o dinheiro e com isso pensam comprar tudo: dignidade, caráter, sentimento, tudo, tudo se curva ao som do metal. Pois vá o senhor comprar outra com suas riquezas e deixe-me em paz.

Ricardo
Bem que o faria se eu pudesse arrancá-la do meu pensamento. Mas só me sinto bem quando a vejo, Elena, quando lhe falo, e me sentiria feliz se a pudesse tomar em meus braços como a uma criança.

Elena
O senhor sofre muito de caprichos.

Ricardo
Não, Elena, agora não é capricho. Agora, uma força misteriosa impele-me para você como quando um pedacinho de ferro é atraído por um poderoso ímã.

Elena
Não se deixe envolver pela fantasia, Sr. Ricardo. A força brutal dos instintos vulnera o juízo dos homens, e alguns, por serem ricos, creem que suas ambições são virtudes. O senhor é um deles. Tem dinheiro; e o dinheiro é a chave que abre todas as portas. Contudo, a nossa situação é a mesma; estamos

onde estávamos, tão longe um do outro que cada vez o distingo menos.

RICARDO
Você não pode falar assim, Elena; você é a causadora do meu sofrimento. Depois daquela noite não me posso conformar em que você não me pertença.

ELENA
Convenha, Sr. Ricardo, que o nosso encontro só foi acidental e fortuito. De amor não houve nem sombra. Eu, sem saber como, fui presa de uma situação que ainda não compreendo. E o senhor, sem dúvida, era quem dava as cartas e a roleta girou a seu favor.

RICARDO
Bem, isso já passou. Agora...

ELENA
Agora cada um de nós deve empreender o caminho oposto. O tempo e a distância encarregar-se-ão de apagar de nossas vidas esse vergonhoso episódio. O esquecimento aplacará sua exaltada paixão e a tranquilidade reinará de novo em seu espírito. Se lhe resta ainda um pouco de dignidade, concordará em retirar-se desta casa como ponto final e terminante do nosso colóquio.

RICARDO
Não sairei daqui sem que você prometa casar-se comigo.

ELENA
Pois então, sairei eu! (*sai resoluta pela direita*)

RICARDO
Não, não se vá. Elena! Elena! (*chega até à porta e desiste*)

Cena IV

RICARDO, VALERIANA e GREGÓRIO
(*entra Valeriana pelo fundo seguida de Gregório*)

VALERIANA
Deixe-me, deixe-me. Não quero que fale comigo.

GREGÓRIO
Mas venha cá, escute...

VALERIANA
(*ao ver Ricardo*)
Psiu. Pare com as suas bobagens, que está aqui um cavalheiro. (*olha para Ricardo*) E é bonitão! (*fala a Ricardo*) Perdão, o senhor...

RICARDO
Oh! Não, boa moça, quem deve desculpar-se sou eu.

VALERIANA
(*à parte*)
Que galante ele é! E como olha! (*suspira e dá alguns passos*) Ai, ai (*a Ricardo*) O senhor procura alguém?

RICARDO
Sim, procuro alguém que tenha coração e saiba entender-me. Perdoe-me, se lhe falo desta maneira, mas o que levo aqui dentro me faz perder a razão. (*indica o coração*)

VALERIANA
(*à parte*)
Pobre homem! Que levará ali dentro?

GREGÓRIO
(*que esteve inquieto e retraído*)
Pergunte, pergunte.

VALERIANA
Curioso! Depois dizem que as mulheres é que são curiosas. (*a Ricardo*) Escute, jovem...

RICARDO
Oh!! Diga, diga.

VALERIANA
Não é que eu seja curiosa, mas o senhor pode me dizer o que leva aí dentro?

RICARDO
Levo aqui dentro um pobre coração que sofre a sublime tortura do amor. (*suspira*) Ai! O amor!

VALERIANA
(*suspira*)
Ai, ai, o amor!

GREGÓRIO
(*suspira*)
Ai, ai, ai, o amor, o amor!

RICARDO
Ajude-me a tranquilizar meu coração.

VALERIANA
Eu?!!!

RICARDO
Sim, ajude-me. Seus olhos, que brilham como duas fontes luminosas, refletem a bondade que lhe embalsama a alma e o coração.

VALERIANA
Isso é que é falar! (*olha intencionalmente Gregório*)

RICARDO
Faça algo por mim, saberei compensá-la.

VALERIANA
Mas, afinal de contas, quem é o senhor?

GREGÓRIO
É o Sr. Ricardo, Valeriana, é o meu patrão.

VALERIANA
Ah! É o Sr. Ricardo. É o tal da buzina, não é? (*a Ricardo*) Não é fácil adivinhar que o senhor esconda tão maus instintos.

RICARDO
Como? A senhora não pode dizer isso.

VALERIANA
Isso e alguma coisa mais.

RICARDO
(*a Gregório*)
Mas você ainda não disse nada a ela?

GREGÓRIO
Não me deixou falar, como é que lhe vou dizer?

RICARDO
(*a Valeriana*)
Fez mal em não ouvir Gregório.

VALERIANA
Quem faz mal em pisar dentro desta casa é o senhor. Depois do que fez com essa moça e o pai dela, a consciência devia pesar-lhe como chumbo.

RICARDO
Pode retirar essa foguetada porque não há motivo para tanto. Estou aqui porque pretendo casar com Elena. Sinto-me, por isso, com o direito de procurá-la. Compreendeu? Pretendo desposar Elena!

VALERIANA
O senhor está falando sério, Sr. Ricardo?

RICARDO
Sim, gosto de Elena, amo-a de verdade.

VALERIANA
O senhor casa com ela assim... com juiz, testemunhas e tudo?

RICARDO
Com juiz, testemunhas e tudo.

VALERIANA
E ela sabe?

RICARDO
Acabo de lho dizer, mas, como sempre, repeliu-me. Por isso preciso do seu auxílio. Fale com ela. Faça-a compreender que as minhas intenções são tão puras quanto a sua própria alma. Se conseguir persuadi-la, darei a vocês dois uma boa recompensa: casar-se-ão por minha conta.

VALERIANA
Isso é sério, Sr. Ricardo?

RICARDO
Pergunte ao Gregório.

VALERIANA
(*a Gregório*)
Você já sabia disso?

GREGÓRIO
Sim, já sabia.

VALERIANA
E não me disse nada?

RICARDO
Você não me deixou falar, como podia dizê-lo?

VALERIANA
(*à parte*)
Mas que boba que eu sou! Quase perco o casamento.

RICARDO
E então? Posso contar consigo? Vai falar a Elena?

VALERIANA
Sim, com a condição de que mantenha a promessa.

RICARDO
Promessas são dívidas. Vamos, Gregório. Até logo, moça. (*sai pelo fundo*)

VALERIANA
Passe bem.

Cena V

GREGÓRIO *e* VALERIANA

GREGÓRIO
(*como que repreendendo*)
Doíam-me os pés de tanto correr atrás de você e você, correndo mais do que uma raposa, não ouvia as minhas súplicas. Por sua culpa quase perdemos o casamento.

VALERIANA
Ah! Mas agora nos casaremos. E onde passaremos a lua-de-mel?

GREGÓRIO
Onde o mel seja a lua e a lua seja toda mel.

RICARDO
(*da porta*)
Gregório, deixa o mel para depois, que estou te esperando.

GREGÓRIO
(*surpreendido*)
Já vou, já vou. (*atira um beijo na ponta dos dedos a Valeriana e sai pelos fundos*)

VALERIANA
(*vai até o fundo, faz algumas gracinhas e, suspirando, sai pela esquerda*)
Ai, ai!

Cena VI

ELENA, *depois* TOMÁS
(*Elena entra pela direita e, depois de certificar-se de estar só, deixa escapar um suspiro e continua a recompor o ambiente. Tomás entra pelo fundo, com aspecto convulsionado, e senta*)

ELENA
O senhor voltou logo, papai?

TOMÁS
Sim, voltei logo e preferia não ter saído da cadeia.

ELENA
Por que isso, papai?

TOMÁS
Você deve sabê-lo melhor do que eu.

ELENA
Mas o que aconteceu, papai, o que foi?

TOMÁS
(*levanta-se e aproxima-se de Elena*)
Diga-me uma coisa: é verdade o que toda essa gente murmura de você?

ELENA
A gente, papai, tem sempre o que dizer.

TOMÁS
Disseram-me que você... Oh! Não, não pode ser. Dizem que você foi vista, noite adentro, refestelada nas fofas almofadas de um luxuoso carro que levava destino suspeito. Senti vontade de arrancar-lhes a língua.

ELENA
Se o senhor dá ouvidos a esses murmúrios, terá preocupações para sempre. Essa gente nunca se cansa de moer.

TOMÁS
Sim, já sei, mas quero que você me tranquilize com sua própria boca. Sei que você não mente e...

ELENA
Todos mentimos, papai.

TOMÁS
Não quero filosofia, agora! Sou seu pai e tenho o direito de exigir razões da sua conduta. Fale e acabemos de uma vez. (*pausa*) Como? Não diz nada?

ELENA
Não sei o que devo dizer...

TOMÁS
Deve dizer a verdade!

ELENA
A verdade?

TOMÁS
Sim, a verdade, por mais crua que seja.

ELENA
O senhor é capaz de resisti-la?

TOMÁS
Fale, já disse. Sinto-me capaz de tudo!

ELENA
Pois, então, pode crer no que lhe disseram.

TOMÁS
Como?! Você disse que...

ELENA
Que pode crer no que lhe disseram. Foi essa a condição que me foi imposta para conseguir a sua liberdade.

TOMÁS
Mentira! Isso é mentira! Você é uma miserável!

ELENA
Não, sou a mesma de sempre. Para evitar que lhe manchassem o rosto com a pecha infamante de ladrão, tive que entregar o meu corpo. Esta é a verdade crua.

TOMÁS
Mente! Mente! Você é uma descarada! Uma mulher perdida! Aproveitou a minha ausência para dar expansão à morbosidade engendrada por esses malditos livros que sempre leva entre as mãos. Agora compreendo por que você falava sempre da reforma dos costumes: era para justificar a vergonha que eu passaria.

ELENA
Não me sinto obrigada a esconder nem um só dos meus atos. A minha conduta é cristalina como o sol. E, se devesse atender aos impulsos da natureza, fá-lo-ia sem o mínimo temor, uma vez que creio que a mulher, para ser dona de seu destino, deve começar por ser dona de seu próprio corpo.

TOMÁS
Com esse montão de palavras pensa destruir o direito que me outorga a paternidade? Quero saber

agora mesmo quem é o sedutor, tão miserável quanto você.

ELENA
O senhor parece um juiz e não um pai.

TOMÁS
Dá na mesma. Você não respeita nem a um nem a outro. É absoluta nesse modernismo vergonhoso. Se sua mãe ressuscitasse voltaria ao túmulo de vergonha.

ELENA
Talvez ela me compreendesse melhor...

TOMÁS
A você ninguém compreende, nem o diabo! (*dá alguns passos*)

Cena VII

Os mesmos e RICARDO

RICARDO
(*entrando pelo fundo*)
Bom dia, Tomás.

TOMÁS
Sr. Ricardo, muito prazer.

RICARDO
Fui avisado, em casa, de que o senhor queria falar comigo.

Tomás
Sim, queria falar-lhe, mas neste momento sinto o ânimo abatido. Estou como um pássaro de asas partidas, que não pode voar.

Ricardo
Percebi logo que entrei. Porém, falarei eu mesmo. No fundo, conheço o assunto. De tudo o que o senhor sofreu sou eu o único responsável.

Tomás
Como? O que o senhor está dizendo?

Ricardo
Por favor, Tomás, não me pergunte nada. Estou pronto a reparar o mal que lhe fiz, começando por pedir-lhe a sua filha como esposa.

Tomás
(*atônito*)
Mas... então, quer dizer que... o senhor foi quem...

Ricardo
Não prossiga, peço-lhe. Já lhe disse que estou pronto a reparar o mal que fiz e parece-me que basta.

Tomás
Bem, bem. Se as coisas estão dessa maneira e tratando-se duma pessoa como o senhor, não direi mais nada. Alegro-me que o senhor não se tenha eximido da responsabilidade que lhe cabe em tudo

isto. O senhor arrancou a espinha que me pungia o coração. Aí está ela. De minha parte, pode fazê-la sua esposa.

RICARDO
Obrigado, Tomás, obrigado.

TOMÁS
(*a Elena*)
E você que pensa sobre o que acaba de dizer o Sr. Ricardo?

ELENA
O que eu penso já lho disse a ele mesmo faz um instante. E o senhor fique sabendo que esse homem não me interessa para nada.

TOMÁS
Elena! Você está louca? (*a Ricardo*) O senhor perdoe. Sabe, no fundo sempre fica um pouco de ressentimento. (*a Elena*) Você não entendeu bem. O Sr. Ricardo disse...

ELENA
(*interrompendo*)
Que quer casar-se comigo. Já sei. Ele me falou nisso várias vezes, antes de o senhor o saber.

TOMÁS
E então?

ELENA
(*faz um gesto de desaprovação*)

RICARDO
Prefiro deixá-los a sós. Se algo houver que possa interessar-me, o senhor mandará o recado. Até logo.

TOMÁS
Passe bem, Sr. Ricardo.

(*Ricardo sai pelo fundo.*)

Cena VIII

Os mesmos, menos RICARDO

TOMÁS
Mas, filha, o que é que você pensa fazer?

ELENA
Penso viver.

TOMÁS
Pois, para viver, não pode ter melhor oportunidade. O Sr. Ricardo, pondo de parte o que aconteceu, é um homem correto. Além disso, tem uma fortuna que não admite titubeios. Serene um pouco o ânimo e faça as contas. Há de ver.

ELENA
As contas! Sempre as contas! Como os pitagóricos, que na vida só viam números. Já me vendi uma vez e foi pelo senhor. Agora não quero ser mais mercadoria. Quero ser dona de meu coração. Esse homem, apesar de rico, não me interessa.

TOMÁS
Entretanto, é o único que pode apagar a mancha negra que você pôs na fronte enrugada de seu pai. Apoiada ao braço dele, ninguém se atreverá a levantar os olhos contra você. Enquanto que assim... assim... vá! Tremo com receio de que meus lábios pronunciem o nome que merece. (*senta-se*)

ELENA
(*admirada*)
Papai! O senhor?! O senhor atira-me a primeira pedra?!!

TOMÁS
Já hão de vir outras, já hão de vir!

Cena IX

SENHORA RICA, *sua* FILHA *e duas* MOÇAS
(*Ouve-se a campainha. Entram a Senhora rica e sua Filha, seguidas das duas Moças, tendo uma delas uma carta na mão.*)

ELENA
(*dirigindo-se à Senhora*)
Que deseja a senhora?

SENHORA
De você não quero nada.

ELENA
Mas é que...

SENHORA
Não insista, já disse que de você não quero nada.

(*Elena dirige-se às duas moças, que lhe voltam o rosto com desprezo.*)

VALERIANA
(*entrando pela esquerda*)
A senhora deseja?

SENHORA
Quero falar com o Sr. Ludovico.

VALERIANA
No momento não está em casa. Se quer pode deixar recado.

SENHORA
Pode dizer a ele que disse madame Casanova que, enquanto tiver hóspedes que comprometam a moral de suas discípulas, minha filha não tomará lições nesta casa. E diga-lhe, também, que, se aqui acostumassem a ouvir missa, saberiam do sermão que fez hoje o padre André. Vou repetir algumas palavras, porque alguém está precisando delas. (*olha intencionalmente Elena, que se retira da cena*) Padre André disse: "a ovelha que se perde do rebanho vive eternamente na escuridão e no engano". Compreendeu bem? "Na escuridão e no engano." Agora repita o que eu disse porque quero que o Sr. Ludovico fique bem informado das minhas intenções. Vamos, diga.

VALERIANA
(*meio atrapalhada*)
Disse a senhora madame Casaboa...

SENHORA
(*interrompendo*)
Casaboa, não! (*frisando*) Casanova!

VALERIANA
É a mesma coisa. Se a casa é nova, a casa é boa.

SENHORA
Mas quem falou de casa, pequena?

VALERIANA
Se é pequena ou grande a senhora não me disse. Só me falou duma casa nova.

SENHORA
Casanova é o meu sobrenome, e que ninguém tente fazer do meu nome um apartamento! Compreendeu?!

VALERIANA
Sim, sim, senhora.

SENHORA
Adiante!

VALERIANA
(*dá um passo à frente*)

SENHORA
(*sem perceber*)
Vamos, adiante!

VALERIANA
Mais ainda?

SENHORA
(*percebendo*)
Eu não disse adiante com os pés; disse adiante com a língua. E não me faça perder a cabeça que já estou ficando cor de cinza. Vamos fale, fale!

VALERIANA
Disse madame...

SENHORA
(*atalhando*)
Casanova.

VALERIANA
(*repetindo*)
Casanova.

SENHORA
Isso, muito bem, Casanova.

VALERIANA
Disse madame Casanova que perdeu a ovelha do rebanho na escuridão da missa.

SENHORA
Chega, menina, chega! Que já estou com fogo na roupa. Nunca vi criatura mais torpe. (*ameaçando*) Teria vontade de...

FILHA
(*detendo-a*)
Vamos, mamãe. Já tenho fogo nas maçãs.

SENHORA
Que maçãs, filha?

FILHA
As maçãs do rosto.

SENHORA
(*com alívio*)
Ah! Bem! (*olha com desprezo para Valeriana*) Sim, vamos, vamos. (*saem pelo fundo*)

Cena X

Os mesmos, menos SENHORA RICA *e sua* FILHA

VALERIANA
(*dirigindo-se às moças*)
Em que posso servi-las?

MOÇA I
Nós trazemos esta carta para o Sr. Ludovico. O que está escrito não o podemos dizer porque não é próprio para a nossa idade.

VALERIANA
(*que já recebeu a carta*)
E como sabem que o que está escrito não é próprio para a vossa idade?

Moça II
Porque foi o padre André que o disse.

Valeriana
Isso quer dizer que quem escreveu a carta foi aquele maroto.

As duas moças
Hein?! Que está dizendo?!

Valeriana
Isso mesmo que vocês ouviram, um maroto. Um maroto que quer que eu vá à missa para beijar-me na sacristia.

As duas moças
(*envergonhadas*)
Oh!

Moça I
Mentirosa! Você vai para o inferno!

Moça II
Padre André é um santo padre!

Valeriana
Sim, um santo. Mas cuidado; ele costuma benzer. (*faz gestos de abraçar*)

Moça I
Mentirosa! Vou dizer isso ao padre André.

Moça II
Pecadora! Vamos contar-lhe tudo.

VALERIANA
Não se esqueçam de dizer que foi Valeriana quem falou.

AS DUAS MOÇAS
(*mostrando a língua, saem apressadas pelo fundo*)

Cena XI

TOMÁS *e* VALERIANA

VALERIANA
(*a Tomás*)
O senhor viu? Se lhes tivesse falado do engraxate da esquina, acreditariam tudinho, tudinho. Mas, do padre André? Ufa! Bem dizem que o hábito faz o monge. E a esse monge maroto, mais ainda. (*vendo a indiferença de Tomás*) Estou incomodando, Sr. Tomás?

TOMÁS
Não, filha, não. Quem me incomoda é o mundo que, apesar de tão grande, parece não ter lugar para mim. Só vejo ao meu redor dedos acusadores que me apontam como se fossem canhões.

VALERIANA
Compreendo o seu sentimento e me compadeço do senhor.

TOMÁS
Você sabe?

VALERIANA

Sim, sei tudo. Não compreendo por que Elena não quer casar com o Sr. Ricardo.

TOMÁS

Eu também não compreendo. É uma mulher diferente. Outras moças em seu lugar...

VALERIANA

Ah! Se fosse eu, a estas horas estava todinha de branco. E se eu falasse com ela?...

TOMÁS

Tudo inútil. Ela sofre a mania do modernismo. É diferente. Ela diz que é diferente.

VALERIANA

Sinto muito! Sinto por ela e por mim. (*à parte*) Dois casamentos perdidos. Se continuarmos assim, perde-se até a espécie. Pobre mundo!

Cena XII

Os mesmos e LUDOVICO

LUDOVICO

(*entrando*)

Ah! Valeriana, Valeriana, minha filha, faça-me um chá, faça-me um chá, que tenho uma porção de gatos metidos aqui. (*indica a garganta*)

VALERIANA

Gatos, Sr. Ludovico?

LUDOVICO

Sim, mulher, sim. Não compreende? Os alunos, quando principiantes, só tiram do violino gatos. (*faz gestos e imita com a voz*) Nhiiii, nhaaaa, nhiiii, nhaaaa. Tenho-os todos metidos aqui dentro. Por sua avó, faça-me um chá, ande.

VALERIANA

Sim, sim, já vou. Olhe, trouxeram esta carta para o senhor. (*dá-lhe a carta*) Gatos de violino. Que doença será essa? (*sai pela esquerda*)

Cena XIII

Os mesmos, menos VALERIANA

LUDOVICO
(*a Tomás*)
O quê?! O senhor me ganhou. Voltou antes do que eu!

TOMÁS
É certo. As feridas doem a quem as tem.

LUDOVICO
A quem as tem? No mundo, quem mais quem menos, todos temos sarna.

TOMÁS
A coisa não está para brincadeiras, Sr. Ludovico.

LUDOVICO
O senhor me surpreende, Sr. Tomás. Que aconteceu?

TOMÁS
O pior que pode acontecer a um pai que sai do cárcere, esperando encontrar o carinho de uma filha e vê-se por ela coberto de vergonha.

LUDOVICO
De vergonha, o senhor disse?

TOMÁS
(*assente com a cabeça*)
Soube aí na rua que, enquanto eu estava na cadeia pagando por um crime que não cometi, minha filha não teve limites em suas extravagâncias. Desceu até onde pode descer a mulher que mede os seus atos pela torpeza das suas intenções.

LUDOVICO
Isso não pode ser. Ao senhor encheram-lhe a cabeça. Eu não creio no que acaba de dizer.

TOMÁS
Pode crer, ela mesma confessou. E essa carta que o senhor tem nas mãos confirma o que estou dizendo.

LUDOVICO
(*abre a carta e lê em silêncio. Fica triste*)
Estou gelado!

Cena XIV

Os mesmos e Valeriana

Valeriana
(*entrando pela esquerda*)
O chá está na mesa.

Ludovico
Valeriana, venha cá. Quem trouxe esta carta?

Valeriana
(*aproximando-se*)
Elas mesmas, as duas meninas do canto. Ah! Esteve aqui, também, aquela senhora das casas... (*pensando*) Que casas disse?... Ah! Sim, das casas novas.

(*Enquanto Valeriana fala, aparece Elena pela porta da direita, de maleta pronta para sair.*)

Ludovico
Das casas novas? Mas que senhora é essa?

Cena XV

Os mesmos e Elena

Elena
Foi Madame Casanova que esteve aqui.

Ludovico
(*aproximando-se de Elena paternalmente*)
Elena!

ELENA
Disse que não mandará sua filha tomar lições enquanto permaneça eu nesta casa.

LUDOVICO
Não faça caso, Elena.

ELENA
Vou partir, Sr. Ludovico. Não tenho direito de abusar da hospitalidade que mui generosamente me ofereceu. E, como não penso retroceder um passo sequer na conduta que me tracei, não quero prejudicar ninguém em minhas tribulações.

TOMÁS
Faz muito bem. Ninguém tem culpa dos seus desatinos.

ELENA
Desatinos ou o que o senhor queira. Eu não creio que a dignidade, o caráter e o valor de uma mulher possam medir-se por um simples véu anatômico ou por um ato esporádico e acidental.

TOMÁS
Essa filosofia deitou-a a perder e com ela você chafurdará cada vez mais.

ELENA
Procurarei manter-me à tona, apesar de tudo.

TOMÁS
Duvido! Duvido! Você é louca! Ninguém pensa como você!

ELENA
Alguém há de começar. O senhor me dará razão algum dia.

TOMÁS
Por ora... sinto vergonha de você.

ELENA
Por isso vou-me embora.

TOMÁS
Ao inferno, pois!

LUDOVICO
Mas aonde vai, menina? Não vê que o mundo está cheio de lama e é muito difícil dar um passo sem empantanar-se?

ELENA
Sinto-me forte, Sr. Ludovico, e agradeço os bons e paternais conselhos que sempre me deu. Nunca os esquecerei. Mas devo ir. (*abraça-o*) Adeus!

LUDOVICO
(*comovido*)
Como queira... e já sabe, esta casa está sempre aberta para você.

ELENA
Obrigada. (*abraça Valeriana*) Valeriana! Gostaria de poder algum dia retribuir o bem que você me fez. Você tem um bom coração.

VALERIANA
(*com voz trêmula*)
Não me faça chorar, Elena. (*limpa os olhos*)

ELENA
(*desprendendo-se*)
Adeus, Valeriana. (*a Tomás*) Papai, o senhor permite que pela última vez lhe beije a fronte?

TOMÁS
Não! Você já a manchou! Pode ir! (*levanta-se*) Pode seguir a sua filosofia!

LUDOVICO
(*docemente*)
Sr. Tomás...

TOMÁS
Não se preocupe por mim, Sr. Ludovico, eu tomarei o caminho oposto. (*a Elena*) Pode ir, já disse! (*Elena encaminha-se*) Pode ir! (*vendo-a desaparecer pelo fundo, cai sentado, soluçando, com a cabeça entre as mãos*)

(*Pano rápido.*)

TERCEIRO ATO

(*Fachada de um hospital. Ao fundo, a porta principal, encimada por um letreiro onde se pode ler: MATERNIDADE. À direita, grades que dão para o jardim do hospital, com porta praticável. À esquerda, uma boca de rua. Ao levantar o pano uma enfermeira passeia uma criança num carrinho. Depois aparece Ludovico pela boca da rua, procurando ler o letreiro do hospital, com um jornal na mão.*)

Cena I

Enfermeira, *depois* Ludovico

Ludovico
(*dirigindo-se à enfermeira*)
Boa tarde.

Enfermeira
Boa tarde. Que deseja o senhor?

LUDOVICO
Trabalha neste hospital uma jovem que se chama Elena Gusmão?

ENFERMEIRA
Sim, senhor, trabalha.

LUDOVICO
Li neste jornal. Tenho muita vontade de vê-la. Mas é verdade o que diz aqui? (*indica o jornal*)

ENFERMEIRA
A pura verdade. Elena foi nomeada, hoje, diretora da seção de meninos órfãos e abandonados desta maternidade. Mereceu-o porque é inteligente e laboriosa.

LUDOVICO
A senhora não faz ideia quanto me alegra isso. Mas, como foi? Pode falar sem receio. Elena, para mim, é como filha.

ENFERMEIRA
Ah! Estou notando.

LUDOVICO
É como lhe estou dizendo. Uma filha. Faz mais ou menos dois anos que deixou minha casa e somente agora tenho notícias dela. Não hei de estar contente?

ENFERMEIRA
Mais ou menos por esse tempo, Elena entrou aqui como datilógrafa. E, como logo tivesse necessi-

dade de hospitalizar-se na maternidade desta casa, passou a morar aqui mesmo. Disse que não tinha família e que queria trabalhar em benefício dos que, também, não tivessem. O senhor sabe, num hospital, tendo vontade de trabalhar, não se acaba nunca. Essa moça faz de tudo: escreve à máquina, costura, limpa os meninos e, como sabe tocar piano, ensina os mais grandinhos a cantar. Se o senhor visse o que ela faz!...

LUDOVICO
Ela sabe fazer isso e muito mais. Mas a senhora disse que Elena teve necessidade de hospitalizar-se na maternidade?

ENFERMEIRA
Pois o senhor não vê que amorzinho de menino que ela tem? (*indica o menino do carrinho*)

LUDOVICO
(*com admiração*)
Esta florzinha que está aqui é dela?

ENFERMEIRA
Sim, é dela este formoso menino.

LUDOVICO
Mas que repolhinho mais lindo!!! (*brincando com o menino*) Psiu... psiu... psiu... (*à enfermeira*) Formoso, a senhora disse? Ofuscante, é que ele é.

ENFERMEIRA
Chama-se Ludovico.

LUDOVICO
Ludovico?!

ENFERMEIRA
Sim, Ludovico. Como gratidão e lembrança da pessoa mais boa, mais digna e honesta que ela conheceu.

LUDOVICO
Oh! Obrigado! Obrigado pela referência.

ENFERMEIRA
Como? É o senhor?

LUDOVICO
Sim, senhora, eu mesmo. Ludovico Zorrilha, professor de música e solteiro para todos os efeitos. Isto é, solteiro não, solteirão!

ENFERMEIRA
É a mesma coisa, é só força de expressão.

LUDOVICO
A senhora crê que é só força de expressão?

ENFERMEIRA
Eu sim, e o senhor?

LUDOVICO
Eu? Depende das circunstâncias... E a senhora é solteira?

ENFERMEIRA
Eu sou viúva.

LUDOVICO
É a mesma coisa. É só força de expressão.

ENFERMEIRA
O senhor crê que é só força de expressão?

LUDOVICO
Eu sim, e a senhora?

ENFERMEIRA
Eu? Depende das circunstâncias...

LUDOVICO
Nestas circunstâncias, por exemplo?

ENFERMEIRA
(*um tanto envergonhada e com certa risadinha*)
É tão difícil dizer...

LUDOVICO
Pode falar sem rodeios. Não pense que sou mocinho, tenho cinquenta anos.

ENFERMEIRA
Não parece! O senhor está novo ainda!

LUDOVICO
E a senhora?! A senhora está uma donzela perfeita! Está na plenitude de sua juventude madura. A senhora ainda é capaz de embebedar o coração de muita gente.

ENFERMEIRA
Não diga, senhor Ludovico!

LUDOVICO
Digo, digo. Mas não faça caso, sabe. Sou muito brincalhão! A brincadeira, para mim, é uma espécie de filosofia que me conserva o bom humor e o apetite.

ENFERMEIRA
E pensa, com isso, revolucionar os sentimentos? O senhor pretende colocar, em lugar da tristeza, o bom humor e o apetite? (*ri*) Ah! Ah! Ah! Engraçado...

LUDOVICO
Não tanto assim, sedutora enfermeira. Mas, se a humanidade procurasse forjar um convívio de alegria e bem-estar, não seria preferível a este monte de ruínas em que vivemos? A senhora falou agora mesmo de meninos abandonados. E já se peguntou alguma vez por que há mães que abandonam os filhos? Deve haver fortes razões que obriguem essas mulheres a proceder dessa maneira, não se importando, mesmo, de que, ao abandoná-los, colocam-lhes a tristeza dentro do coração para toda a vida.

ENFERMEIRA
Mas Elena não fez isso!

LUDOVICO
Elena não fez isso, porque é uma mulher diferente. Custou-lhe, porém, o desprezo de todo mundo, começando por seu próprio pai.

ENFERMEIRA
Desde que entrou nesta casa somos boas amigas e fui, hoje, com a nomeação dela, nomeada sua assistente.

LUDOVICO
Ah! Muito bem, muito bem. Então, assistente de Elena e não me disse nada?

ENFERMEIRA
Pois aqui estou, às suas ordens.

LUDOVICO
(*dando-se certa importância*)
Senhora assistente, desejo falar à nova diretora. É possível?

(*Ouvem-se aplausos e vivas no interior do jardim*)

ENFERMEIRA
Essa alegria vem da festa que hoje realizamos em homenagem à nova diretora. É feita pelas crianças e o pessoal da casa. Vou chamá-la.

LUDOVICO
Deixe o menino comigo. (*vai pegá-lo ao colo*)

ENFERMEIRA
Não, ao colo não. É proibido nesta casa pegar as crianças ao colo sem antes vestir um avental branco como este. Deixe-o no carrinho.

LUDOVICO
Está bem, senhora assistente, obedeço.

ENFERMEIRA
Volto já. Com licença. (*sai pela direita*)

LUDOVICO
Encantado, senhora, encantado. (*fica olhando*) Com uma enfermeira como essa dá vontade de ficar doente. (*lembra-se da criança*) Oh! Perdão, Ludovico, perdão. Esquecia-me que você pertence ao mundo da inocência. (*brincando*) Psiu... psiu... psiu... Ah! está rindo, hein, marotinho. Quer dizer que já somos bons amigos, não é assim? Pois então, em louvor à nossa amizade, vou dar-lhe um passeio. (*passeia o carrinho*)

Cena II

LUDOVICO *e* TOMÁS
(*aparece Tomás pela esquerda, com aspecto lamentável, roupa suja, barba crescida etc.*)

TOMÁS
(*aproximando-se de Ludovico*)
O senhor pode dizer-me se... (*reconhecendo Ludovico*) Oh! (*volta o rosto envergonhado*)

LUDOVICO
Sr. Tomás! O senhor aqui (*Tomás tenta sair*) – Não, não vá embora, fique. Que diacho! O que passou, passou. Diz o provérbio: águas passadas não movem moinhos. E então? O senhor também veio felicitar Elena? Hoje é um grande dia para ela e o senhor deve estar orgulhoso com isso. Afinal de contas, é sua filha. E como o senhor soube? Eu, olhe, por este jornal. Vi a fotografia e corri logo os olhos para saber o que dizia. (*lendo*) "A senhora Elena

Gusmão será objeto, hoje à tarde, de fraternal demonstração de simpatia pelos seus colegas do hospital, como merecida homenagem pela sua nomeação de diretora da seção de órfãos e abandonados. Por meio destas colunas enviamos os nossos sinceros parabéns à simpática e operosa jovem." (*falando*) Esta menina vale ouro! (*vendo Tomás comovido*) O senhor chora? Já disse alguém que a alegria, também, faz brotar lágrimas, mas essas lágrimas ser-lhe-ão compensadas por sua filha, dentro em pouco.

Tomás
Não, não quero que me veja. Não quero obscurecer o brilho de sua carreira, não quero que lhe digam que é filha dum mendigo.

Ludovico
Mendigo! O senhor disse mendigo?!

Tomás
Sim, mendigo. O senhor não pense que para ser mendigo é preciso passar pela Universidade. Não. A mendicidade é como todas as coisas; penetra-se nela por força das circunstâncias. Assim como o jogador que, no começo, arrisca com timidez os primeiros centavos e logo jogaria o mundo se lhe fosse possível; assim como a rameira que, em sua vida de donzela, sentia-se coberta de pudor ao desprender os primeiros beijos de seus lábios e depois vende-se ao primeiro notâmbulo que passa; assim, também, o mendigo, quando pede pela primeira vez, estende a mão trêmula, num misto de vergonha e dor, logo, porém, estende-a com exigência, porque exerce um direito.

LUDOVICO
Um direito?

TOMÁS
Sim, o direito de viver, compreende? O direito à vida, e não à morte. Porque a morte não é um direito, é uma fatalidade.

LUDOVICO
Creia, Sr. Tomás, que a sua situação me surpreende.

TOMÁS
A mim, não.

LUDOVICO
Surpreende-me por vê-lo nesse extremo.

TOMÁS
Para mim não é um extremo, é a minha vida. Quando deixei sua casa, percorri algumas oficinas conhecidas, que me negaram trabalho, supondo que eu fosse ladrão. Continuei batendo às portas de fábricas e oficinas e todas permaneceram fechadas para mim. Sabe que os patrões entendem-se muito bem. E, assim, um dia, outro, uma semana. Resisti enquanto alguns cruzeiros me possibilitavam um naco de pão e alguns dedos de café. Logo, porém, esgotou-se o meio aquisitivo e a fome tomou proporções que comprometiam a minha saúde. Já sem força, implorei um prato de comida: deram-mo. Dormi, depois, debaixo de uma árvore. No dia seguinte estava eu convencido de que a sociedade havia me transferido para outra categoria social: a dos mendigos. Isto é tudo.

Ludovico
Bem, mas Elena está em condições de reintegrá-lo no convívio social.

Tomás
Não, não quero. Agora seria eu quem mancharia a sua vida.

Ludovico
Mas Elena, o senhor sabe, é superior a essas coisas.

Tomás
Elena, sim; mas a sociedade, quando mancha, não limpa mais.

Ludovico
A sociedade. A sociedade que se conforme!

Tomás
Não, não quero. E, se o senhor é ainda aquele homem bondoso e sincero que eu conheci, peço-lhe, do fundo da alma, que nada revele a Elena. Nem o nosso encontro, nem a minha situação. O senhor vê aquele armazém? (*apontando*) Ali dão-me comida todos os dias. Num jornal que estava sobre a mesa vi o retrato de Elena. Li cem vezes o que o senhor leu há pouco. Já o sei de cor. Cheguei até aqui, porque queria vê-la sem que ela me visse. E é isso que eu desejo, vê-la sem que ela saiba que o meu coração exulta pelo seu triunfo.

Ludovico
Mas, homem, o senhor terá coragem de ir embora tendo um netinho de ouro como este?

TOMÁS
Como?! O senhor disse...

LUDOVICO
Sim, netinho, netinho. Este pimpolho é filho de Elena. Aquilo tudo havia de dar o seu fruto. Vejamos agora se...

TOMÁS
(*vendo a enfermeira que se aproxima faz um sinal de silêncio*)
Psiu, psiu...

Cena III

Os mesmos e a ENFERMEIRA
(*A enfermeira entra pela direita*)

TOMÁS
(*estendendo a mão*)
Uma esmola, senhora, uma esmola.

(*A enfermeira dá-lhe uma moeda.*)

TOMÁS
(*abaixando a cabeça, como que magoado*)
Obrigado! Muito obrigado. (*olha o menino demoradamente*)

(*A enfermeira, receosa, segura o carrinho, Tomás, enxugando uma lágrima, sai pela esquerda.*)

Cena IV

Os mesmos, menos TOMÁS

ENFERMEIRA
Como ele olhava o menino! Fiquei com medo. O senhor viu? Parece que chorava.

LUDOVICO
(*com tristeza*)
Talvez chorasse... Talvez tenha um netinho...

ENFERMEIRA
(*olhando na direção do velho*)
Pobre velho!

LUDOVICO
(*como que sacudindo a tristeza*)
Bem, e que disse a nova diretora?

ENFERMEIRA
Disse para o senhor entrar e tocar alguma coisa ao piano, para as crianças, enquanto ela faz uma ligeira inspeção nas salas das doentes. É coisa dum instante.

LUDOVICO
Muito bem, senhora assistente. Entraremos e tocaremos alguma coisa para as crianças. (*oferece a porta à enfermeira e saem pela direita*)

(*Gregório e Valeriana entram pela esquerda.*)

Cena V

GREGÓRIO *e* VALERIANA

VALERIANA
Ai, Gregório, já não posso mais. Sinto as pernas como chumbo. Já corremos cinco hospitais.

GREGÓRIO
Pelas indicações que me deu o Sr. Ricardo, deve ser este.

VALERIANA
Oxalá que seja, porque estou louquinha para abraçar Elena. Ai, ai, as minhas pernas. Mas que longe que é isto!

GREGÓRIO
Não sei com que cara vou apresentar-me diante dessa moça.

VALERIANA
Com que cara há de ser? Com essa mesma. E tem de pedir perdão, hein? Não quero que o meu marido tenha encargos de consciência.

GREGÓRIO
Mas aqui não se vê ninguém.

VALERIANA
Toca a campainha e vê se trazem uma cadeira, que estou com as pernas bambas.

(*Gregório toca a campainha na porta do fundo.*)

Cena VI

Os mesmos e PORTEIRO

PORTEIRO
(*aparecendo ao fundo*)
Que desejam?

GREGÓRIO
Nós queríamos...

VALERIANA
(*interrompendo*)
Nós queríamos, não; queremos.

GREGÓRIO
Fala você ou falo eu?

VALERIANA
Se não fala você, falo eu.

GREGÓRIO
Mas eu já estava falando...

PORTEIRO
Um momento, um momento. Desse modo não poderei saber o que querem. Vamos por partes. O senhor primeiro. Que deseja?

Gregório
Desejo, em primeiro lugar, uma cadeira para minha mulher, que já não pode ficar de pé.

Porteiro
Qual é o mal que a aflige?

Gregório
Como?

Porteiro
O que é que ela tem?

Gregório
Ah! Valeriana, diga aqui ao senhor o que é que você tem.

Valeriana
Eu tenho as pernas bambas e estalam-me como pipocas, compreende o senhor? Eu acho que deve ser reumatismo... particular.

Porteiro
A senhora quer dizer, articular?

Gregório
Não senhor. Particular, particular dela. (*indica Valeriana*)

Porteiro
Esse reumatismo não é conhecido por aqui.

GREGÓRIO
Certamente que não. É a primeira vez que nós viemos aqui.

PORTEIRO
(*à parte*)
Que me enforquem se eu entendo esta gente. (*pensando*) Deixa ver se eu pesco alguma coisa. (*olha Valeriana*) Particular... Particular...

VALERIANA
Gregório, neste hospital, para trazer uma cadeira, é preciso tudo isso? Estou quase sentando no chão.

GREGÓRIO
Acho que aqui as cadeiras são feitas sob medida. Não vê como ele olha?

PORTEIRO
(*dando um grito*)
Ah! Já está! Já está!

(*Valeriana e Gregório espantam-se com o grito.*)

GREGÓRIO
Já está?

VALERIANA
Louco é que ele está!

PORTEIRO
O senhor e a senhora são casados, não é?

VALERIANA
Com testemunhas e tudo.

PORTEIRO
E estão esperando alguém, não é?

GREGÓRIO
Sim, senhor, esperamos.

VALERIANA
Esperamos a Elena.

PORTEIRO
Ah! Esperam a Elena, a Eleninha, uma menina, hein! Então o que a senhora precisa não é uma cadeira; é uma cama.

VALERIANA e GREGÓRIO
Hein?! Como?!

PORTEIRO
Isso, aqui, não se chama reumatismo particular; chama-se outra coisa. Vou avisar o doutor. (*vendo-o e Elena, que vêm pelo fundo*) Ali vem ele.

VALERIANA
(*a Elena*)
Elena! (*abraçam-se*)

Cena VII

Os mesmos, ELENA *e* DOUTOR

ELENA
(*surpreendida*)
Oh!

(*O doutor conversa com o porteiro, na porta do fundo.*)

VALERIANA
Que vontade tinha de vê-la, Elena. Nunca a esqueci.

ELENA
Obrigada, Valeriana, eu também não a esqueci.

VALERIANA
Sabe, Elena, eu casei com este (*indica Gregório*) e quero que você lhe perdoe o que...

ELENA
Por favor, Valeriana, nada tenho que perdoar. (*dando a mão a Gregório*) Meus parabéns.

GREGÓRIO
Obrigado, a senhora é muito bondosa.

ELENA
Podem passar para o jardim e tomar parte na festa. Olhem, ali está o Sr. Ludovico à minha espera. Um instante só e me juntarei a vocês. Passem.

GREGÓRIO
Sim, sim.

VALERIANA
Sim, até já. (*saindo, diz a Gregório*) Se não chega a tempo a Elena, aquele sujeito me traz uma cama. (*ambos saem pela direita. O porteiro pelo fundo*)

Cena VIII

ELENA *e o* DOUTOR

ELENA
(*ao doutor*)
Estamos sós, pode falar.

DOUTOR
O que quero dizer-lhe, Elena, é que meditei sobre as nossas relações e decidi fazê-la minha esposa. Quero casar com você o mais depressa possível. Aceita?

ELENA
Não.

DOUTOR
Recusa? Acha que eu sou indigno de ser seu esposo?

ELENA
Referi-me ao casamento e não a você.

DOUTOR
Mas quem lho propôs fui eu.

ELENA

Isso não muda a essência do mal.

DOUTOR

Não compreendo o que você quer dizer.

ELENA

Quero dizer que os germens do tifo, da febre amarela ou da tuberculose, mesmo que transmitidos por nossa própria mãe, são sempre funestos.

DOUTOR

Sou médico e compreendo isso perfeitamente. Mas, se é verdade que você me quer e que eu a adoro, por que tanto temor ao matrimônio?

ELENA

Porque o matrimônio destrói a candidez e a beleza que envolve as almas que se querem bem. O matrimônio confunde o amor com a cozinha, as contas com o idílio, as premências grosseiras da vida com a ternura sequiosa dos sentimentos, tornando tudo banal e sem encantos.

DOUTOR

Você, então, é contra a família?

ELENA

Não, não sou contra a família. Tenho um filhinho que é toda a minha vida e levo você no coração. Mas as pessoas conservam muito ainda da luta brutal dos tempos primitivos. No matrimônio, essa luta renova-se. Não se procura a cooperação, quer-se o domínio; não se mantém o respeito, professa-se a indiferença. E, nessa porfia desastrosa, cada cônjuge emprega as armas favoritas para garantir-se a hegemonia do lar.

DOUTOR
Sendo assim, como se explica que, quando um dos cônjuges morre, o outro chora e se desespera?

ELENA
Chora-se o vazio que fica, e não o amor que se perde. O ser humano é um animal de costumes e acostuma-se a tudo. Assim como toma cocaína, morfina, álcool e outros venenos, sem que estes lhe façam bem, assim, também, emparelham-se as pessoas, embora sejam completamente opostas.

DOUTOR
Nesse caso, seria a lei de adaptação, propagada e defendida por tantos sábios e cientistas.

ELENA
Não, não é a lei de adaptação; diga, antes, de acomodação.

DOUTOR
Elena, nós fomos feitos um para o outro, e você acha que entre nós só poderia haver acomodação?

ELENA
Nós somos simples mortais, como os demais. Somos bonecos que se movem ao sabor das paixões humanas e facilmente arrastados pelos vaga-

lhões da vida. Depois, ou aceitamos a acomodação ou a separação.

Doutor
Esperava ter você a meu lado.

Elena
E não estou?

Doutor
A meu lado e minha para sempre.

Elena
Para sempre?! (*rindo*) Ah! Ah! Ah!... não diga bobagem. Ninguém sabe o que será amanhã! Você não é feliz assim? Por que destruir estes momentos felizes, que é o único que a vida nos pode dar?

Doutor
Não quero momentos felizes, quero que toda a minha vida seja feliz.

Elena
É um desejo justo e humano e farei tudo para que você o seja.

Cena IX

Os mesmos e o Porteiro

Porteiro
(*pelo fundo*)
Doutor! Chamam-no ao telefone.

DOUTOR
- De onde é?

PORTEIRO
É do hospital central. É com urgência.

ELENA
Com urgência?!

DOUTOR
(*a Elena*)
Vejamos o que é. (*saem todos pelo fundo*)

(*Ouve-se, no jardim, a "Serenata" de Schubert, tocada ao piano e cantada pelas crianças, com a seguinte letra:*
"Sonho de amor
Primaveril.
Sol de vivo esplendor.
Terno e gentil
Sonho infantil
De materno calor.

Oh! Mirífica esperança!
Oh! Que doce aspiração!
Gorjeios de criança
Alegram esta mansão.
Meninos a sorrir,
Promessas do porvir".)

(*Durante a execução, Ricardo entra pela esquerda. Toca a campainha e acende um cigarro, olhando para os lados de onde se ouve o canto. Toca de novo a campainha e aparece o porteiro. Ricardo per-*

gunta por Elena. O porteiro sai. Enquanto morre o canto aparece Elena, pelo fundo, risonha, notando-se-lhe o contraste do semblante ao ver Ricardo.)

Cena X

RICARDO, *depois* PORTEIRO, *depois* ELENA

ELENA
Oh! O senhor?! (*fica perturbada*)

RICARDO
Sim. Não me esperava? Soube pelo jornal que hoje é um grande dia para você.

ELENA
Sim. Talvez o maior de minha vida.

RICARDO
Por isso, entre os parabéns e felicitações que você recebe não quero que faltem os meus, também.

ELENA
(*lacônica*)
Obrigada.

RICARDO
E quero que aceite isto como lembrança. (*tira do bolso um estojo*)

ELENA
Não, isso não. Pode doá-lo para o fundo dos meninos desamparados; terá melhor emprego.

RICARDO
(*desapontado*)
Você ainda me guarda rancor, Elena?

ELENA
Não sei dizer-lhe.

RICARDO
Fiz mal em vir?

ELENA
O senhor fez como aquele que arranca a crosta duma ferida para ter o prazer de ver-lhe brotar novamente o sangue.

RICARDO
Você não mudou nada, Elena. Passaram-se dois anos. Pensei encontrar você mudada. Pensei que você se alegrasse novamente, mas não foi assim. Você duvida de mim, Elena? Faça-me um pedido, ponha à prova a minha sinceridade. Diga-me o que devo fazer e eu o farei.

ELENA
Deve ir-se embora.

RICARDO
Esse desprezo que aflora sempre em seus lábios rebaixa-me, humilha-me, derrota-me.

ELENA
Não é essa a minha intenção.

RICARDO
Entretanto, são ofensas.

ELENA
E por que me procura?

RICARDO
Não sei, não sei por que a procuro. Não devia procurá-la, mas procuro-a, desejo-a, quero-a. Você deixou traços em minha vida que eu não posso apagar. Confesso que já senti vontade de matá-la.

ELENA
Essa mesma vontade senti eu quando, por sua causa, fui desprezada por meu pai.

RICARDO
E por que não o fez? Teríamos terminado.

ELENA
Para terminar tem o senhor uma excelente oportunidade. Suplico-lhe que se vá embora e que não se interponha mais em meu caminho. Tenho em meu coração um homem que preenche as minhas aspirações e basta.

RICARDO
Isso não é verdade. Você diz isso para que eu saia daqui.

ELENA
Digo-o porque é verdade.

PORTEIRO
Senhora diretora, na cirurgia estão chamando-a.

ELENA
(*ao porteiro*)
Vou já. (*o porteiro sai*) Espero que o senhor se porte como um homem de bem. E pela última vez suplico-lhe encarecidamente: retire-se, Sr. Ricardo, deixe-me em paz. Pode ser que algum dia o senhor reconheça a magnitude desse ato. (*sai pelo fundo*)

Cena XI

RICARDO, *depois* LUDOVICO, GREGÓRIO *e* VALERIANA

RICARDO
(*vendo desaparecer Elena*)
Corri detrás de uma ilusão.

(*Ludovico, Valeriana e Gregório, com aventais brancos e uma criança ao colo cada um, entram pela direita.*)

LUDOVICO
Onde estará metida Elena, que não vem? (*vendo Ricardo*) Oh! O Sr. Ricardo, também, por aqui?

GREGÓRIO
Oh! Que cabeça quadrada que eu tenho! Esqueci de dizer ao senhor que o Sr. Ricardo viria, também.

LUDOVICO
Agora não faz falta. (*dando a mão a Ricardo*) Como vamos, homem, como vamos?

RICARDO
Bem, bem, e o senhor?

LUDOVICO
Aqui estamos, vestido de branco. Sim, porque, aqui, para ter o gosto de pegar uma criança ao colo, é preciso lavar bem as mãos e forrar-se de branco.

VALERIANA
A enfermeira diz que é para evitar a... a... (*a Gregório*) Como se diz?

GREGÓRIO
Não me meta em medicina, mulher!

LUDOVICO
É para evitar a contaminação, não é isso?

VALERIANA
Isso mesmo. (*a Gregório*) Este homem não sabe nada, puxa!

GREGÓRIO
Não se meta em medicina, mulher. Com outra atrapalhada como aquela do reumatismo particular, vamos parar numa mesa de operações.

Cena XII

Os mesmos e ENFERMEIRA

ENFERMEIRA
(*na porta da direita*)
Vamos ver! Onde é que os senhores vão com essas crianças?

GREGÓRIO
Vamos dar-lhes um passeiozinho, senhora enfermeira.

ENFERMEIRA
As crianças não podem levar-se à rua sem ordem médica. Tenham a bondade de recolherem-se ao jardim.

GREGÓRIO
Já, já, senhora enfermeira. (*a Valeriana*) Ó Valeriana! Não está ouvindo a senhora enfermeira? Temos que nos recolher ao jardim.

VALERIANA
Ai, que pena! Justamente agora que estava expandindo o espírito materno. (*saem Gregório e Valeriana*)

ENFERMEIRA
(*amável*)
E o senhor aí! Pode dar-me esse menino?

LUDOVICO
Oh! Pois não, senhora assistente. (*dá-lhe a criança*) Aqui está. E fique sabendo que invejo muito essa criança.

ENFERMEIRA
Ora! Por quê?

LUDOVICO
Para ter a ventura de estar em seu colo.

ENFERMEIRA
Essa é muito boa, mas o senhor pesa muito. (*sai pelo jardim*)

Cena XIII

RICARDO *e* LUDOVICO

LUDOVICO
(*que acompanhou com os olhos a saída da enfermeira*)
Com uma enfermeira assim, dá vontade de ficar doente. (*a Ricardo*) É a assistente de Elena.

RICARDO
Falei com ela agora mesmo.

LUDOVICO
Já a conhecia?

RICARDO
Refiro-me a Elena.

LUDOVICO
O senhor já falou com Elena?!

RICARDO
Sim, aqui mesmo, faz um instante.

LUDOVICO
Homem! O senhor teve mais sorte do que eu. Estou aqui há um bocado de tempo, participei da festa e ainda não a vi. (*mudando de tom*) E então? Falou-lhe do menino?

RICARDO
(*sem compreender*)
Que menino?

LUDOVICO
Então, não sabe? O menino!

RICARDO
Mas que menino?

LUDOVICO
Esse que eu tinha nos braços agora mesmo.

RICARDO
(*algo enfastiado*)
E o que há com esse menino que o senhor tinha nos braços agora mesmo?

LUDOVICO
Estou percebendo que fiz mal em falar-lhe do menino.

RICARDO
Com o menino, o senhor vai deixar-me louco.

LUDOVICO
É isso mesmo que eu receio.

RICARDO
Fale, então, duma vez, que já tenho a alma pendurada num gancho.

LUDOVICO
Barbaridade! O senhor não tinha outro lugar onde pôr a sua alma?

RICARDO
Por vontade minha não é. O senhor já viu algum boi pendurar-se sozinho nos ganchos do açougue?

LUDOVICO
Não, por certo. O pobre boi passa pelo matadouro e depois para os ganchos do mercado, contra a sua própria vontade.

RICARDO
Pois assim estou eu. Pendurado como esse boi e ardendo em desejos de saber o que se passa com esse menino.

LUDOVICO
Pois é muito simples. Aquele menino que eu tinha em meus braços é de Elena.

RICARDO
(*sem perceber*)
De Elena?

LUDOVICO

Sim, de Elena. (*como que falando sozinho e com orgulho*) Chama-se como eu, Ludovico. É uma gracinha.

RICARDO
(*falando consigo*)
Por isso falou-me dum homem.

LUDOVICO
Parece que a novidade não lhe interessou.

RICARDO
E acha que deve interessar-me?

LUDOVICO
Agora que o senhor sabe, acho que sim. Devia refrescar um pouco a memória e saber que aquela loucura poderia ter consequências que não se apagam com um sopro.

RICARDO
Consequências?! Mas que está o senhor dizendo?

LUDOVICO
Digo que aquele menino que eu tinha ao colo há pouco tem alguma coisa a ver consigo.

RICARDO
Comigo?! O senhor disse comigo? Isso é possível?

LUDOVICO
Como se é possível?! O senhor tem entendido que Elena é alguma gata? Pois não senhor, Elena não é gata.

Ricardo
Por favor, não me fale de gatos neste momento. Quero saber os fundamentos que o senhor tem para semelhante afirmação:

Ludovico
Os fundamentos, sobram-me. A idade do menino, a inteireza moral de Elena e a data em que ela entrou para esta casa levam-me a concluir que esse menino está mesclado nas coisas passadas, que o senhor muito bem conhece.

Ricardo
(*com entusiasmo*)
Mas, então... vamos, onde está o menino... Procure-o, eu quero vê-lo. Vamos, procure-o...

Ludovico
Eh! Devagar! Devagar! O senhor pensa que eu sou o diretor desta casa? Aqui onde o senhor me vê, sou apenas um visitante vestido de branco e nada mais.

Ricardo
O senhor acha que depois da revelação que acaba de fazer-me eu posso ficar aqui plantado como um poste? Ah! Não! Isso não! Eu quero ver esse menino de qualquer jeito. (*dá uns passos*) Por que o senhor não fala com a assistente? Eu percebi que ela anda caidinha pelo senhor.

Ludovico
O que o senhor quer? Em questão de amor a estampa é tudo.

Ricardo
Faça-o pela sua estampa, então. Fale com ela, vamos.

Ludovico
(*saindo*)
Tentarei. Tentarei. (*saem pela direita*)

(*Entra a Senhora rica, acompanhada de sua filha, pela esquerda.*)

Cena XIV

Senhora rica, *sua filha*, Porteiro *e depois* Elena

Senhora
Ande, descarada, que já estou cansada de tanto andar pra cá e pra lá. Você é a vergonha da família. (*toca a campainha*) Esta menina me põe louca. (*aparece o porteiro*) Desejo falar à senhora diretora. (*sai o porteiro*) Levante essa cara. Agora não adianta abaixá-la. Devia ter tido juízo, isso sim.

Porteiro
(*anunciando*)
A senhora diretora.

(*Aparece Elena. O porteiro sai.*)

Senhora
Boa tarde.

ELENA
Boa tarde.

SENHORA
A senhora é jovem. Pensei encontrar-me diante de uma pessoa de mais idade.

ELENA
Sou a nova diretora da seção de meninos órfãos e enjeitados.

SENHORA
Exatamente com quem preciso falar.

ELENA
Estou às suas ordens.

SENHORA
Trata-se desta menina e a dizer a verdade não sei como contar-lhe o que me acontece. A senhora sabe, coisas da juventude. As moças de hoje não têm juízo; só arranjam dores de cabeça para as mães. A senhora já terá percebido o que lhe quero dizer e, como nestas coisas há sempre que contar com a benevolência de outras pessoas, espero que a senhora não me desampare. (*suspirando*) Ah! O que sofremos as mães! A senhora me compreendeu?

ELENA
Sim, compreendi. A juventude, às vezes, tem impulsos difíceis de frear. São os imprevistos da natureza humana.

Senhora
A senhora falou muito acertadamente. E a natureza, nesses impulsos, chega a comprometer o nome sagrado duma família de bem. E é isso o que me está acontecendo. O nome de minha família, de minha casta, está comprometido. Ajude-me a salvá-lo. Afinal de contas, uma criança a mais entre tantos que a senhora já tem aqui...

Elena
Como?! A senhora pensa sepultar no anonimato essa criança? E sua filha concorda, também, em desfazer-se do filho uma vez que este haja nascido são e salvo?

Senhora
Acabo de dizer-lhe que o nome de minha família, de honorável tradição, está seriamente ameaçado. Pôr a salvo esse nome é sagrado para mim.

Elena
Esse procedimento atenta contra os postulados sublimes da maternidade.

Senhora
Dentro das regras sociais, minha filha podia ser mãe todas as vezes que quisesse. Mas, desta forma, acha, senhora diretora, que ela pode apresentar-se na sociedade com uma criança ao colo, ignorando-se quem seja o pai? Oh! Isto é horrível! Isto é vergonhoso!

Elena
E não será mais vergonhoso ainda, a essa criança que não tem pai, tirar-lhe também a mãe? Decidi-

damente, a senhora não estará em dia com a sua consciência.

Senhora
Os meus deveres de consciência não pertencem à senhora; para isso tenho confessor.

Elena
Dirija-se a ele, então. Faça-o saber que, apesar dos seus sermões, a natureza segue impassível as leis da perpetuação humana.

Senhora
Não sei por que a senhora me fala dessa maneira. Contava consigo para aquietar-me a alma que trago em pedaços e a senhora desampara-me. Sou u'a mãe em desespero e as mães merecem amparo e respeito.

Elena
Além de diretora, sou mãe, também.

Senhora
Ah! É casada?

Elena
Sou mãe e basta.

Senhora
Mas somente mãe?

Elena
O suficiente para olhar de frente e em todas as direções.

SENHORA
E a sua família, pensa desse modo, também?

ELENA
Só tinha pai e a senhora muito contribuiu para que ele se afastasse de mim.

SENHORA
Eu?!

ELENA
A senhora, sim. Não me reconhece? Eu sou a Elena, a moça que estava hospedada na casa do Sr. Ludovico e que a senhora, com as demais paroquianas do padre André, retalharam-lhe a alma como lhes aprouve.

SENHORA
(*com certo cinismo*)
Ah! A Elena! Sim, sim, lembro-me.

ELENA
Tive de fugir dali porque sentia afogar-me em meio de tanto insulto e tanta infâmia.

SENHORA
A senhora não acha que está abusando dos seus atributos?

ELENA
Se eu quisesse, com a senhora, tenho o direito de fazê-lo.

Senhora
Sempre que saiba guardar a devida distância.

Elena
A distância, tomá-la-á a senhora a seu gosto: a estrada é grande e livre. Antes de ir, porém, tenho a obrigação de falar-lhe, como diretora que sou, deixando claros os objetivos desta casa. Este hospital destina-se a uma finalidade social e não a conveniências de famílias. Seu fundamento primordial é glorificar a maternidade que nada tem de detestável ou de vergonhoso. Aceitamos crianças castigadas pela orfandade e as que a inclemência humana atira para a rua como trapos. Todavia, jamais seremos cúmplices da covardia de certas mães que, podendo manter os seus filhos, desfazem-se deles por puros preconceitos.

Senhora
A senhora não sentiu os preconceitos porque nada tinha a perder. Mas eu tenho! Em minha família há pessoas de grande destaque social que ostentam um nome de honrada tradição.

Elena
Esse nome deixa de ser honrado desde o momento em que pensa negá-lo ao filho de sua própria filha.

Senhora
Com a senhora é escusado falar. Eu seguirei os ditames de minha consciência.

Elena

Pode seguir a sua consciência, se lhe aprouver, mas lembre-se que a sombra de um menino enjeitado há de perseguir eternamente essa pobre moça.

Senhora

Ufa! Pobre! Pobre, por quê?

Elena

Por covardia. (*à filha*) E você, moça, tenha em conta que essa criança, quando for grande, amaldiçoará para sempre a mãe que a atirou para o montão dos anônimos, para esconder-se entre as dobras das conveniências sociais onde se ocultam as manchas que se levam n'alma.

Filha

(*segurando-se ao braço de Elena*)
Oh! Não, por piedade! Não diga isso. (*chora*)

Senhora

(*com ar de superioridade*)
Que é isso, menina?

Filha

Deixe-me! Estou farta de tanto suplício! Estou cansada de tanto desprezo! A senhora arrastou-me por todas as partes para salvar o nome de sua casta. Pode ir-se embora, ficarei aqui. Mudarei de nome, buscarei um que seja meu, unicamente meu, para poder dá-lo ao meu filho. Deixe-me, deixe-me sozinha. (*chora*)

Elena
Ampará-la-ei, menina.

Filha
A senhora deixa de ser mãe para ser escrava da vaidade e dos preconceitos.

Senhora
Fique! Pode ficar. É a recompensa de sua desordenada conduta.

Filha
Sim, ficarei. Não quero ser escrava dum nome.

Senhora
É preferível! (*a Elena*) E à senhora, nada tenho de lhe agradecer.

Elena
Pode ir tranquila, nada faltará à sua filha.

Senhora
Ela que não se arrependa, porque a porta de minha casa está fechada para sempre. (*sai pela esquerda*)

Elena
Não chore. Você estará aqui como em sua própria casa. (*toca a campainha e vem o porteiro*) Mande preparar aposentos para esta moça e depois indique-lhe o jardim para participar da festa. (*à moça*) Vá, meu bem, espero-a no jardim.

(*A moça e o porteiro saem pelo fundo. Elena, ao voltar-se, dá com Ricardo parado à porta do jardim.*)

Cena XV

Elena *e* Ricardo

Elena
O senhor ainda está aqui?

Ricardo
(*indo para ela*)
Não fui, porque me parece que ficou algo para ser devidamente esclarecido.

Elena
A sua impertinência não tem limites.

Ricardo
Tanto quanto a sua ingratidão. Aqui há algo que me pertence e você tinha a obrigação de dizer-mo.

Elena
Quero que o senhor saiba que tenho força para mandar pô-lo fora daqui e terminar duma vez com esta situação.

Ricardo
Sim, já sei. Uma diretora é sempre uma diretora. Mas você deve compreender que há situações em que a razão sobrepõe-se à força. Esta é uma delas.

ELENA
Diga de uma vez o que pretende.

RICARDO
Não procure esconder, Elena, eu sei que você não mente. Já sabe o que pretendo.

ELENA
Ah! Já lhe disseram, não é? Pois bem. (*indicando o jardim*) Entre essas dezenas de crianças que ali estão, há uma que, por estranha coincidência, está colocada entre nós dois. E, afinal de contas, o que é que o senhor pretende?

RICARDO
(*contente*)
Você já o disse, Elena. Sou pai duma delas.

ELENA
E o senhor pensou isso alguma vez durante os dois anos que passaram?

RICARDO
(*confuso*)
Não, confesso que não. Mas o certo é que o sou.

ELENA
E é capaz de conhecê-la entre as demais?

RICARDO
(*sempre confuso*)
Não, naturalmente que não... mas... mas...

ELENA
Que estranho pai! Um pai que não conhece seu filho!

RICARDO
Oh! Elena, não me torture mais. Ao menos por instinto sinto-me pai.

ELENA
Isso, isso. Por instinto. O senhor fez como as feras, são pais por instinto. Mas os seres humanos têm de ser diferentes. Para considerar-se pai, tem de conquistar o direito de sê-lo.

RICARDO
O que você quer dizer com isso?! Pensa tirar-me o direito de conhecer meu filho?

ELENA
Adivinhou.

RICARDO
Oh! Mas isso é uma monstruosidade!

ELENA
Tão grande como a sua infâmia.

RICARDO
Mas eu recorrerei aos tribunais.

ELENA
E com testemunhas falsas, como quando o senhor mandou meu pai para o cárcere.

RICARDO
Oh! Elena! Por favor! Por favor!

ELENA
(*com desdém*)
Os tribunais! Os homens de dinheiro resolvem tudo nos tribunais. Eu pergunto qual é o tribunal que pode obrigar-me a dizer que aqui há um filho que é seu?

RICARDO
(*vencido*)
Oh! Basta, Elena, basta! Você tem toda a razão. Agi mal, compreendo. Mas esta perseverança, esta pertinácia minha, deve convencê-la de que eu gosto loucamente de você e que estou pronto a tudo. Diga-me o que eu devo fazer, eu obedecerei.

ELENA
Deve ir-se embora agora mesmo.

RICARDO
Mas, assim, sem ao menos vê-lo?

ELENA
Sem vê-lo.

RICARDO
(*completamente vencido*)
Está bem, está bem. Mas, diga-me, Elena, como ele é? É bonito? É gordinho? Tem as carnes tenras e cor-de-rosa?

ELENA
(*impassível*)
Ele é como os demais.

RICARDO
Tem os olhinhos pretos e os cabelos suaves como fios de seda?

ELENA
Como os demais.

RICARDO
E a boquinha pequenina e quando ri deixa ver os primeiros dentinhos?

ELENA
Como os demais.

RICARDO
É menino, verdade? (*Elena não responde. Como que falando sozinho*) Que lindo será o meu filho! (*a Elena*) Elena, eu não poderia mandar todos os meses uma quantia destinada à sua educação? Porque eu quero que ele seja um grande homem.

ELENA
Pode mandar o dinheiro que quiser. Estou dizendo, mandar. Esse dinheiro será destinado a todos. Aqui não fazemos particularidades.

RICARDO
Está bem, Elena, está bem. E como última pergunta quero saber se posso alimentar a esperança de

algum dia conhecer o meu filho e de beijar-lhe a fronte sem que me nutra rancor.

ELENA
Às crianças aqui só se lhes ensina o amor sobre todas as coisas. E para evitar que me faça mais perguntas completarei o meu pensamento com este conselho de amiga. Sr. Ricardo, no torvelinho do amor alguém tem de perder: por isso os animais lutam e empregam as suas garras. Os seres humanos, porém, têm de ser superiores e empregar a inteligência e o raciocínio. Siga o seu caminho, pondo a generosidade a serviço dos seus atos. E, quando não houver compromisso em nossas almas e os nossos cabelos começarem a revestir-se de branco, dou-lhe a minha palavra que esse menino lhe beijará a fronte sem ódio e sem rancor.

RICARDO
Oh! Muito obrigado, Elena, muito obrigado.

Cena XVI

Os mesmos e DOUTOR

DOUTOR
(*entrando pelo fundo*)
Já estou de volta, Elena.

ELENA
Algo de grave?

DOUTOR
Não, tudo normal.

ELENA
(*apresentando-lhe Ricardo*)
O senhor Ricardo, um entusiasta do nosso empreendimento. Comprometeu-se a mandar todos os meses certa quantia para as crianças abandonadas.

DOUTOR
Bravo! Muito bem. (*aperta-lhe a mão*) Felicito-o! Tem alma nobre. Devemos ajudar Elena a realizar esta grandiosa obra. Elena propõe-se ministrar a essas flores abandonadas uma educação de espírito fraternal, fazendo-lhes ver em cada criança um irmão, em cada mulher u'a mãe e em cada homem um amigo. Não é verdade, Elena?

(*Ricardo tira do bolso o livro de cheques e escreve.*)

ELENA
Sim, será uma geração nova, que saberá estender os braços por cima das fronteiras e formar a grande família universal, sem ódios, sem guerras, sem inimigos.

RICARDO
(*entregando-lhe o cheque*)
Senhora diretora, esta é a minha primeira contribuição.

ELENA
Em nome das crianças das quais sou responsável, agradeço-lhe.

RICARDO
E agora, se me dão licença, vou retirar-me. Passem bem.

ELENA e DOUTOR
Às suas ordens.

(*Ricardo sai pela esquerda.*)

DOUTOR
(*seguindo com os olhos Ricardo*)
Logo, dizem que não há boas almas neste mundo. E a festa, continua animada?

ELENA
Ainda não me foi possível comparecer a ela.

DOUTOR
E que espera, então? Não sabe que é em sua homenagem? Vamos, então. Quero antes, porém, beijar o seu filhinho que ainda não o vi hoje. Vamos. (*saem pela direita*)

(*Ouvem-se aplausos e aclamações de vivas à diretora.*)

Cena XVII

TOMÁS, *só*

TOMÁS
(*entra pela esquerda, olhando languidamente para o jardim e dando a entender que esteve observando*

Elena. Trêmulo e balbuciante, aproxima-se da grade pronunciando várias vezes o nome de Elena. Sufocando os soluços e olhando ternamente para o local da festa, vai afastando-se para a esquerda. Do jardim ouve-se a "Serenata" de Schubert cantada pelas crianças e acompanhada ao piano.)

(*Corre o pano lentamente.*)

FIM DO DRAMA

tel.: 25226368